高等职业教育旅游类专业新形态教材

旅行社运营实务

主　编　史博姣　安　群
副主编　邹学家　缑　旭　郑　佳

北京理工大学出版社
BEIJING INSTITUTE OF TECHNOLOGY PRESS

内容提要

旅行社运营实务是旅游管理专业的核心课程，通过本课程的开设，学生可以了解旅行社行业，认知旅行社的各个岗位，掌握不同岗位所需基本能力和提升职业技能。本书以旅游管理专业人才培养目标为依据，以旅行社主要工作岗位为基础，设置 6 个模块，17 个项目，详细介绍了旅行社核心岗位的操作流程，并融入研学旅行服务与策划、邮轮运营岗位的能力要求。

本书除作为高职旅游管理专业教学用书之外，也可以作为旅行社岗位培训教材，或者备考研学旅行服务与策划、邮轮运营服务 1 + X 证书考试的学习用书。

版权专有　侵权必究

图书在版编目（CIP）数据

旅行社运营实务 / 史博姣，安群主编. --北京：
北京理工大学出版社，2021.9
　ISBN 978 - 7 - 5763 - 0381 - 0

Ⅰ. ①旅… Ⅱ. ①史… ②安… Ⅲ. ①旅行社 - 企业管理 - 教材 Ⅳ. ①F590. 63

中国版本图书馆 CIP 数据核字（2021）第 191336 号

出版发行 / 北京理工大学出版社有限责任公司	
社　　址 / 北京市海淀区中关村南大街 5 号	
邮　　编 / 100081	
电　　话 /（010）68914775（总编室）	
（010）82562903（教材售后服务热线）	
（010）68944723（其他图书服务热线）	
网　　址 / http：//www.bitpress.com.cn	
经　　销 / 全国各地新华书店	
印　　刷 / 河北鑫彩博图印刷有限公司	
开　　本 / 787 毫米 × 1092 毫米　1/16	
印　　张 / 13	责任编辑 / 阎少华
字　　数 / 312 千字	文案编辑 / 阎少华
版　　次 / 2021 年 9 月第 1 版　2021 年 9 月第 1 次印刷	责任校对 / 周瑞红
定　　价 / 48.00 元	责任印制 / 边心超

图书出现印装质量问题，请拨打售后服务热线，本社负责调换

前　言

近年来，我国旅游业呈蓬勃发展的态势。随着移动互联网、云与大数据等信息技术快速提升，以及全域旅游、研学旅游、邮轮旅游等概念的提出，旅游业不仅面临更为广阔的发展前景，同时也面临着前所未有的挑战。

为了适应新形势下旅游业快速发展的需要，也为了适应高等职业教育改革的需要，培养符合市场需求的高素质技能型人才，本书利用成果导向，从设立一家旅行社开始，然后通过分解企业工作活动，获得典型工作任务，包括旅游线路设计、旅行社外联业务、旅行社计调业务，最后融入符合旅行社业务发展新方向的研学旅游、邮轮旅游，使学生能够循序渐进地掌握旅行社工作的基本流程。

本书共设计6个模块，每个模块下设若干工作项目，每个项目又分解为若干工作任务。每个项目通过企业实际工作案例引入，每项任务都在学生小组中设立管理者和执行者，小组成员实地走访或者网络调研之后制订计划，对方案进行评估筛选，并运用头脑风暴的方法进行补充完善，确定最终方案进行任务实施，每个项目结束都有相应的小组汇报，检查项目完成情况。学生对完成工作任务的表现进行自评、小组评价、组间评价。最后，教师做出评价，既综合考核整个团队的工作，也分别考核每个学生的工作进展。

本书由辽宁建筑职业学院史博姣、安群、邹学家，辽阳众驰国际旅行社郑佳、缑旭合作完成，在编写过程中得到了辽阳众驰国际旅行社专业技术人员的鼎力支持，是校企合作的产物。另外，本书编写过程中参考和借鉴了旅游界诸多同行和专家的研究结果，在此一并表示感谢！作为一本强调实践和创新的旅游专业教材，书中不足之处在所难免，敬请各位专家、教师和广大读者批评指正，以便使本书不断得到完善。

编　者

目 录

模块一　旅行社认知和设立 ·· 1

项目一　认识旅行社 ·· 2
工作任务一　旅行社行业调查 ··· 4
工作任务二　当地旅行社情况调查 ··· 5
工作任务三　成果汇报与考核评价 ··· 6

项目二　设立旅行社 ·· 10
工作任务一　旅行社设立的构想 ·· 11
工作任务二　为拟成立的旅行社起名和设计社徽 ·· 12
工作任务三　填写旅行社设立申请材料 ·· 13
工作任务四　旅行社内部建设 ··· 14
工作任务五　成果汇报与考核评价 ·· 15
学生任务单 ·· 19

模块二　旅行社产品设计 ·· 22

项目一　设计周边短线旅游产品 ··· 23
工作任务一　本地旅游资源调查 ·· 24
工作任务二　设计旅游线路 ·· 25
工作任务三　制作旅游线路行程表 ·· 26
工作任务四　成果汇报与考核评价 ·· 27

项目二　设计国内长线主题旅游产品 ··· 31
工作任务一　针对特殊群体的旅游需求问卷调查 ·· 32
工作任务二　针对特殊群体设计主题旅游产品 ··· 33

工作任务三　制作旅游线路行程表 34
　　工作任务四　成果汇报与考核评价 35
项目三　设计出境定制旅游产品 39
　　工作任务一　国际旅游区旅游线路调查 40
　　工作任务二　定制旅游线路 41
　　工作任务三　成果汇报与考核评价 42
　　学生任务单 46

模块三　旅行社外联销售 49

项目一　电话销售 50
　　工作任务一　上岗前的准备 51
　　工作任务二　提供咨询服务 52
　　工作任务三　通话结束后的跟踪服务 53
　　工作任务四　成果汇报与考核评价 54
项目二　门市销售 58
　　工作任务一　上岗前的准备 59
　　工作任务二　提供咨询服务 60
　　工作任务三　协助客人办理手续 61
　　工作任务四　成果汇报与考核评价 62
项目三　网络销售 66
　　工作任务一　旅游产品营销策划 67
　　工作任务二　提供咨询服务 68
　　工作任务三　协助客人办理手续 69
　　工作任务四　成果汇报与考核评价 70
　　学生任务单 74

模块四　旅行社计调业务 86

项目一　组团计调操作 87
　　工作任务一　发团前的准备 88
　　工作任务二　旅游过程中的团队操作 89
　　工作任务三　团队返回后的报账总结 90
　　工作任务四　成果汇报与考核评价 91
项目二　地接计调操作 95
　　工作任务一　接受组团社的询价 96

工作任务二　地接社的采购 …………………………………………… 97
　　工作任务三　团队返回后的报账总结 …………………………………… 98
　　工作任务四　成果汇报与考核评价 ……………………………………… 99
项目三　出境计调操作 ……………………………………………………… 103
　　工作任务一　发团前的准备 ……………………………………………… 104
　　工作任务二　旅游过程中的团队操作 …………………………………… 105
　　工作任务三　团队返回后的报账总结 …………………………………… 106
　　工作任务四　成果汇报与考核评价 ……………………………………… 107
学生任务单 ……………………………………………………………………… 111

模块五　邮轮旅游服务与管理 ……………………………………………… 136

项目一　邮轮客票营销 ……………………………………………………… 137
　　工作任务一　邮轮旅游产品营销策划 …………………………………… 138
　　工作任务二　邮轮旅游产品同业销售 …………………………………… 139
　　工作任务三　成果汇报与考核评价 ……………………………………… 140
项目二　邮轮定制旅游活动策划 …………………………………………… 144
　　工作任务一　邮轮航线调研 ……………………………………………… 145
　　工作任务二　策划邮轮旅游活动 ………………………………………… 146
　　工作任务三　成果汇报与考核评价 ……………………………………… 147
项目三　岸上观光服务 ……………………………………………………… 152
　　工作任务一　服务准备 …………………………………………………… 153
　　工作任务二　全程陪同服务 ……………………………………………… 154
　　工作任务三　离境与后续工作 …………………………………………… 155
　　工作任务四　成果汇报与考核评价 ……………………………………… 156
学生任务单 ……………………………………………………………………… 160

模块六　研学旅行服务与管理 ……………………………………………… 169

项目一　研学旅行主题产品设计 …………………………………………… 170
　　工作任务一　充分的调研与准备 ………………………………………… 172
　　工作任务二　研学旅行活动课程设计 …………………………………… 173
　　工作任务三　设计学生研学手册 ………………………………………… 174
　　工作任务四　成果汇报与考核评价 ……………………………………… 175
项目二　线路销售 …………………………………………………………… 179
　　工作任务一　准备工作 …………………………………………………… 180

工作任务二　业务洽谈……………………………………………………………… 181
　　工作任务三　协助客人办理手续…………………………………………………… 182
　　工作任务四　成果汇报与考核评价………………………………………………… 183
项目三　研学旅行线控操作………………………………………………………………… 187
　　工作任务一　研学旅行行前安排…………………………………………………… 188
　　工作任务二　团队返回后的报账归档……………………………………………… 189
　　工作任务三　成果汇报与考核评价………………………………………………… 190
　　学生任务单…………………………………………………………………………… 194

参考文献 ……………………………………………………………………………………… 200

模块一

旅行社认知和设立

　　旅行社的产生是社会、经济、科技发展到一定历史阶段的结果，同时也是人类旅行活动长期发展的必然产物。19世纪源于英国的工业革命为现代旅游的产生奠定了基础。首先，工业革命加快了城市化的进程，它把人们的生活与工作中心从农村转移到城市，但大工厂的枯燥工作使人们疲于奔命，永无休止，为了改变这种压抑、单调的生活，人们渴望放松、休息和调整。其次，工业革命为现代旅游的实现创造了根本的技术条件、提供了便捷的交通方式，特别是蒸汽机在交通运输中的应用为旅游活动提供了快速、廉价、运输量大的交通工具。同时，随着铁路的发展和轮船航运的日益兴旺，铁路、公路沿线和码头纷纷建立起各种供游人使用的旅馆、饭店，交通枢纽城市的产业结构也因此发生了变化，许多新兴行业应运而生。正是在这种历史背景下，托马斯·库克作为世界上第一位专职的旅游代理商登上了历史的舞台，于1845年成立了世界上最早的旅行社——托马斯·库克旅行社，开始专门从事旅游代理业务。那么，旅行社从诞生至今已经走过了150多个春秋，旅行社行业究竟是一个什么样的行业？旅行社可以经营哪些业务？旅行社行业的现状和形势如何呢？想要创办一家旅行社需要经过行业主管部门的审核与许可，那么怎样才能通过这些"关卡"呢？当你闯关成功，顺利地拿下营业执照和经营许可证时，就创办了一家正规的旅行社，可是万里长征才刚刚开始，你又需要哪些工作才能把旅行社经营起来呢？让我们一起来学习吧！

项目一　认识旅行社

项目介绍

旅行社的发展状况是一个区域旅游业发展程度的直接反映，也是旅游管理专业学生未来就业的主要行业之一，因此，了解本地旅行社的基本发展状况，掌握旅行社的主要业务范围，对于学生了解旅游业的发展有非常重要的意义。只有在很好地掌握了当地旅行社的基本发展现状和主要业务范围的基础上，才能更好地了解行业、了解企业、了解未来的从业岗位。

学习目标

➤ 1. 知识目标
（1）掌握旅行社的业务分类和业务特征；
（2）熟悉旅行社的性质、职能和分类；
（3）熟悉本地旅行社的基本情况；
（4）了解旅行社的发展历程、现状及未来发展趋势；
（5）实践调研报告的撰写方法。
➤ 2. 能力目标
（1）具备分析旅行社行业发展现状及未来发展趋势的能力；
（2）能分析自己从事旅游行业的优势和劣势。
➤ 3. 素质目标
（1）具有探索学习、分析问题和解决问题的能力；
（2）具有集体意识和团队合作精神；
（3）培养家国情怀，增强"四个自信"；
（4）具有良好的旅游专业素养和职业道德。

学时安排

2学时

工作情景描述

在旅游管理专业学习了三年的小李即将毕业了，他带着激动又忐忑的心情来到人才市场。专业对口的他怯生生地将简历递到辽阳众驰国际旅行社的招聘台前，面对人力资源部经理挑剔的眼光，他做好准备了吗？

三天后，他收到了公司发出的面试函，整装待发，准备面试。面试过程中，经理问了他这样几个问题：

    1. 你为什么选择到旅行社工作？

    2. 你知道旅行社是什么性质的企业吗？

    3. 公司目前需要招聘的岗位包括外联、前台接待、计调与导游人员，你准备应聘哪一个岗位？为什么？

    4. 你知道以后可能面临的工作有哪些吗？你是否做好了准备？

工作任务一　旅行社行业调查

【任务目标】

1. 结合案例分析旅行社业务范围；
2. 撰写旅行社业务经营情况调查报告；
3. 培养自学探究、求真务实、勤奋钻研的精神；
4. 通过调研，感受旅游业的发展，增强"四个自信"。

【实施条件】

实训室，每名学生配备一台连接互联网的计算机。

【实施过程】

环节	操作及说明	注意事项及要求
环节一	通过网上查阅资料，阅读相关知识，了解旅行社的前世今生，主要调查内容如下： （1）旅行社为什么会产生？ （2）旅行社产生后经历了什么？ （3）在旅行社的产生和发展过程中，起关键作用的人物有哪些？ （4）我国旅行社行业发展的现状和前景是什么？	1. 以室内调查为主，主要通过网络、图书馆、电话咨询等方式进行调研。 2. 活动以学生分组的形式进行，小组成员注意分工协作，各司其职，按时完成任务
环节二	搜集知名旅行社的相关信息，分析旅行社的经营范围、经营理念等	
环节三	撰写旅行社行业调查报告，内容如下： （1）中外旅行社的发展过程； （2）旅行社的现状和发展前景； （3）知名旅行社的业务范围、社徽、经营理念等	

【知识链接】

请扫码阅读知识链接。

旅行社的产生与发展

工作任务二　当地旅行社情况调查

【任务目标】

1. 掌握各种获取信息的渠道；
2. 对当地的旅行社能够有比较充分的了解，能够对旅行社进行基本的分类。

【实施条件】

实训室、校企合作的旅行社。

【实施过程】

环节	操作及说明	注意事项及要求
环节一	通过上网查阅资料和实地调研的形式对本地区的旅行社进行调查，调查内容如下： （1）旅行社的名称； （2）旅行社的地理位置； （3）工作人员数量； （4）旅行社的注册资本； （5）旅行社的类型； （6）旅行社的业务范围	1. 根据调查内容灵活选取多种调查方式，可以通过网络、电话、实地调研等多种方式进行。 2. 活动以学生分组的形式进行，小组成员注意分工协作，各司其职，按时完成任务
环节二	搜集旅行社办公地点的图片	
环节三	填写旅行社调查表（表单1-1）	
环节四	以小组为单位完成各自的调研汇总，撰写调查报告，分析当地旅游业发展现状和前景，及"智慧旅游"在当地的实践情况	

【知识链接】

请扫码阅读知识链接。

旅行社概述

工作任务三　成果汇报与考核评价

【任务目标】

1. 进行成果汇报，掌握成果汇报展示的方法并进行训练；
2. 评价各组的工作情况；
3. 评价过程中具有诚实守信、求真务实、自我总结的精神。

【实施条件】

实训室，配备多媒体设备。

【实施过程】

环节	操作及说明	注意事项及要求
环节一	以小组为单位交流汇报调研成果，组与组之间提出问题、交流、师生互动，要求PPT展示，每组限定时间。汇报要点如下： (1) 旅行社的发展过程； (2) 旅行社的发展前景； (3) 知名旅行社的概况（社名、社徽、业务范围、经营理念等）； (4) 当地旅行社的发展现状	汇报过程中小组之间注意发现问题，并及时提出问题，之后大家共同讨论解决问题
环节二	学生自评、互评、小组组长点评各个组员的工作成效	
环节三	指导教师给各组评分，并进行有针对性的点评，汇总各组成果。引导学生总结中外第一家旅行社诞生背景的不同，提升学生国家荣誉感、民族自豪感、树立文化自信	

课堂笔记：

【考核评价】

表 1-1-1　学生自评表

考核项目：认识旅行社			班级：	姓名：
小组名称：			小组组长：	
小组成员：				
过程评价	完成时间		提前完成	
			准时完成	
			超时完成	
	完成质量		优秀	
			良好	
			有待改进	
结果评价	评价标准		分值	得分
	运用多种渠道主动学习相关知识、获取能力		10	
	运用多种方式搜集资讯		10	
	调研计划制订合理、可行		10	
	调研过程中积极主动地获得信息		20	
	调研报告信息翔实、客观，发表个人观点		30	
	团队合作		20	
总分				
学习收获：				

表 1-1-2　小组互评表

考核项目：认识旅行社		满分	得分
成果展示	是否在规定时间内完成了所要求的全部调研内容	20	
	是否全面地进行了信息的收集	20	
	调研报告文本是否完整	30	
	调研成果课堂展示是否清晰流畅	10	
	团队协作	10	
	回答问题	10	
	总分	100	

表 1-1-3　教师评价表

考核项目：认识旅行社		班级：	姓名：	
小组名称：		小组组长：		
小组成员：				
评价标准		权数	完成情况	得分
1. 资讯				
（1）能正确理解任务的要求和目标		0.2		
（2）能合理运用多种方式搜集资讯		0.2		
（3）能自主获得与任务有关的新知识		0.3		
2. 计划和决策				
（1）是否参与了计划的制订		0.2		
（2）能否主动寻找解决问题的办法		0.3		
（3）制订的实施计划是否合理、可行		0.2		
3. 实施				
（1）旅行社行业调查	搜集资料全面、高效	0.5		
	活动参与度高	1		
	调查报告资料翔实、准确	1		
（2）当地旅行社情况调查	搜集资料全面、高效	0.5		
	活动参与度高	1		
	表单填写完整准确	1		
	调查报告资料翔实、分析透彻	1		
（3）成果汇报	汇报清晰、全面	1		
	制作精美的 PPT	1		
4. 检查与评价				
（1）准确实施了行动计划		0.2		
（2）成果展示的缺陷和改进措施		0.2		
（3）自我评价是否客观恰当		0.2		
总分				

拓展阅读

中国第一家旅行社的诞生

一百多年前的一天，国内知名的银行家陈光甫到中国香港办事，后准备转赴昆明。但当时，从中国香港到昆明既无火车，也无飞机，只能坐船到越南后再经滇越铁路前往，很不方便。某日中午，陈光甫见一外国旅行社有代买船票的业务，于是便进门打听。孰料进去十几分钟，却见柜台里的一名外籍男子只顾与另一女职员闲谈，而对陈光甫这位"中国顾客"完全视而不见，毫不理睬。

受此冷遇，陈光甫十分气愤，他出门后心想：这些外国职员之所以不接待他，无非是因为自己并非西洋人，所谓"非其族类"而加以歧视；然而，中国没有相应的旅行机构为国人提供方便，以至于因求助于洋人而遭受白眼，也不能不说是"自取其辱"。于是，陈光甫先生深思熟虑后，1927年在上海创办中国旅行社，1928年在中国香港设立中国旅行社香港分社。中国旅行社作为中国第一家旅行社，具有跨时代的意义。一方面为本国人服务，另一方面与外国人竞争，以挽回中国之利权。

但在中国旅行社建立之初，一直处于亏损状态，同行好友也纷纷劝其停办，但陈光甫始终不为所动，他表示："旅行社虽说年年亏损，但为国家挽回了不少的利权，不然又得多送外国许多钱了！"之后，陈光甫从这项新事业的自身做改变，开拓创新，为中国旅行社制定了一套规范的管理制度和独到的宣传方法，并提出"以服务大众为己任"的宗旨。终于，在陈光甫与社里同事的群策群力之下，中国旅行社不

图1-1-1　陈光甫

仅在与外国旅行社的竞争中立稳了脚跟，更赢得了社会各界的普遍赞誉，并在中外各大活动、事件中崭露头角。

中国旅行社从无到有、从小到大发展起来，其分支机构一度曾达到一百多处，并在新加坡、美国等地设立了海外分支机构。现在，拥有央企背景的中国旅行社（中国旅游集团）已不仅是旅行社那么简单，它还承担了更多国家政治任务。中国旅游集团在特殊时期，不仅向外界传递了中国正在强大的信息，更是在历史长河中见证了中国的繁荣。历史虽已淡去，但中国旅游集团"服务大众为己任"的精神一直在传承。

资料来源：https：//ent.ifeng.com/c/7 m8 JrCsZ7 PL，有删减

项目二　设立旅行社

项目介绍

旅行社的设立是让学生们了解创建一家旅行社所需要的必需手续和基本方法，为学生以后在工作中自主创业提供一个基础，也为学生以后能够在工作中逐步成长奠定基础。本项目主要是训练学生掌握旅行社设立的基本条件和基本程序，并做好旅行社运营之前的组织结构确立和制度建设。

学习目标

➢ 1. 知识目标

（1）熟悉旅行社设立的法律规定与我国对旅行社实行的管理制度；

（2）了解旅行社设立应考虑的因素与旅行社内部的制度建设；

（3）掌握旅行社申报的程序及需要提交的材料。

➢ 2. 能力目标

（1）能够为旅行社选择合适的地址；

（2）能够按照相关的法律规定，完成旅行社申报工作；

（3）能够为旅行社制定基本工作制度。

➢ 3. 素质目标

（1）增强统筹规划能力；

（2）增强团队合作精神；

（3）加强人际沟通能力；

（4）养成事无巨细的工作作风。

学时安排

6 学时

工作情景描述

李克强总理提出"大众创业，万众创新"，这让你和你的朋友心动不已，你们决定利用自己的专业特长和当地良好的旅游发展势头开办一家旅行社，开启创业之路。可是创立旅行社需要具备什么条件？需要提交什么材料？大家决定分头准备，然后开会研讨，最终完成申报程序。

工作任务一　旅行社设立的构想

【任务目标】

1. 考虑旅行社成立的外部因素；
2. 分析自己成立旅行社的优势和劣势；
3. 培养辩证思考、敢于创新的能力。

【实施条件】

实训室、户外实地调研。

【实施过程】

环节	操作及说明	注意事项及要求
环节一	通过上网查阅资料，阅读相关知识，了解国家设立旅行社的相关政策和法律	1. 以小组为单位拟成立一家旅行社，小组成员讨论成立旅行社的优势和劣势。 2. 小组成员分别阐述自己旅行社选址的理由，然后实地考察之后，综合考虑多种因素，并且结合实际情况确定选址
环节二	分析自己成立旅行社时在资金、协作网络、客源渠道、人员准备上的优势和劣势，撰写成立旅行社的可行性报告	
环节三	以小组为单位，讨论旅行社门市选择的重要性及影响因素，初步确定旅行社选址的范围。根据确立的影响因素实地调查，填写旅行社选址实地调查表（表单1-2）	
环节四	根据上一步的调查结果，小组讨论确定旅行社的选址，并阐述选择的理由	

【知识链接】

请扫码阅读知识链接。

设立旅行社应考虑的因素

工作任务二 为拟成立的旅行社起名和设计社徽

【任务目标】

1. 为拟成立的旅行社起社名；
2. 根据社名设计社徽；
3. 培养辩证思考、敢于创新的能力。

【实施条件】

实训室，每名学生配备一台连接互联网的计算机。

【实施过程】

环节	操作及说明	注意事项及要求
环节一	以小组为单位，上网查阅知名旅行社的社名和社徽及其代表意义，讨论旅行社社名的起名规则和社徽设计规则	1. 小组同学头脑风暴，反复推敲社名和社徽，论证之后确定。 2. 活动以学生分组的形式进行，小组成员注意分工协作，各司其职，按时完成任务
环节二	确定旅行社的社名，认真挖掘社名的内涵和象征的意义并以文字形式表述出来，然后翻译成合适的英文名称	
环节三	根据社徽设计规则，运用头脑风暴法，确定旅行社的社徽，利用作图软件将设计成果可视化，并用文字形式表示出社徽的图案和配色及所代表的意义	

【知识链接】

请扫码阅读知识链接。

旅行社的社名和社徽

工作任务三　填写旅行社设立申请材料

【任务目标】

1. 填写旅行社设立申请材料；
2. 了解旅行社设立的申报程序；
3. 培养诚信服务、追求卓越、精益求精的精神。

【实施条件】

实训室，每名学生配备一台连接互联网的计算机。

【实施过程】

环节	操作及说明	注意事项及要求
环节一	根据实际情况，填写旅行社设立申请书（表单1-3）	1. 小组成员每名同学均填写各项表单，之后互相纠错并讨论填写的准确性。 2. 教师在学生填写过程中，对学生出现的问题随时指导
环节二	根据实际情况，填写经营场所情况及证明（表单1-4）	
环节三	根据实际情况，填写营业设施设备情况（表单1-5）	
环节四	根据实际情况，填写法定代表人履历表（表单1-6）	
环节五	查询旅行社申办的程序，画出程序流程图	

【知识链接】

请扫码阅读知识链接。

旅行社设立的程序

工作任务四　旅行社内部建设

【任务目标】

1. 旅行社组织结构设计；
2. 旅行社规章制度建设。

【实施条件】

实训室，每名学生配备一台连接互联网的计算机。

【实施过程】

环节	操作及说明	注意事项及要求
环节一	根据大中小型旅行社的定位进行，以小组为单位讨论并设计旅行社组织结构，画出组织结构图，并规定各部门职责	1. 活动以学生分组的形式进行，小组成员注意分工协作，各司其职，按时完成任务。 2. 小组成员共同完成最终成果：××旅行社组织结构图、招聘广告和管理规章制度
环节二	讨论本旅行社招聘计划，确定招聘岗位，制作招聘海报。旅行社招聘广告的主要内容如下： （1）企业介绍：企业的性质，业务经营范围，发展形势的相关情况。 （2）详细的职位说明：岗位职责，工作环境、条件，入职条件等。 （3）福利待遇：应包括工资水平、福利项目。 （4）申请方式：亲自申请、电话申请还是投递简历。 （5）联系方式：注明企业的联系电话或是邮编、地址	
环节三	以小组为单位讨论旅行社考勤制度、奖惩制度、薪酬制度的具体内容，完成《××旅行社管理规章制度》的制定	

课堂笔记：

工作任务五　成果汇报与考核评价

【任务目标】

1. 进行成果汇报，掌握成果汇报展示的方法并进行训练；
2. 评价各组的工作情况；
3. 评价过程中具有诚实守信、求真务实、自我总结的精神。

【实施条件】

实训室，配备多媒体设备。

【实施过程】

环节	操作及说明	注意事项及要求
环节一	以小组为单位交流汇报调研成果，组与组之间提出问题、交流。师生互动，要求 PPT 展示，每组限定时间。汇报要点如下： （1）创办旅行社自身优势和劣势分析； （2）旅行社的选址及原因； （3）旅行社社名、社徽及内涵； （4）旅行社的申报程序； （5）旅行社组织设计，招聘海报； （6）旅行社的规章制度	汇报过程中小组之间注意发现问题，并及时提出问题，之后大家共同讨论解决问题
环节二	学生自评，互评，小组组长点评各个组员的工作成效	
环节三	指导教师给各组评分，并进行有针对性的点评，汇总各组成果。通过中国知名旅行社社徽和社名，引导学生思考旅行社的企业理念和服务宗旨，培养诚实守信、精益求精、勇于创新的工作作风	

课堂笔记：

【考核评价】

表 1-2-1　学生自评表

考核项目：设立旅行社		班级：		姓名：
小组名称：			小组组长：	
小组成员：				
过程评价	完成时间		提前完成	
			准时完成	
			超时完成	
	完成质量		优秀	
			良好	
			有待改进	
结果评价	评价标准		分值	得分
	运用多种渠道主动学习相关知识、提升能力		5	
	运用多种方式搜集资讯		5	
	计划制订合理、可行		5	
	旅行社名称设计质量		10	
	旅行社社徽设计质量		10	
	旅行社申报表的填写质量		15	
	旅行社地址的选定合理性		10	
	旅行社组织设计合理性		10	
	旅行社招聘广告撰写质量		10	
	旅行社规章制度的合理性		10	
	团队合作		10	
总分				
学习收获：				

表 1-2-2　小组互评表

考核项目：设立旅行社		满分	得分
成果展示	是否全面地进行了信息的收集	20	
	是否在规定时间内完成了所要求的全部工作内容	20	
	课堂展示是否清晰流畅	10	
	文本完成质量	30	
	团队协作	10	
	回答问题	10	
总分		100	

表 1-2-3　教师评价表

考核项目：设立旅行社		班级：	姓名：
小组名称：		小组组长：	
小组成员：			
评价标准		权数	检查情况	得分

评价标准		权数	检查情况	得分
1. 资讯				
（1）能正确理解任务的要求和目标		0.1		
（2）能合理运用多种方式搜集资讯		0.1		
（3）能自主获得与任务有关的新知识		0.1		
2. 计划和决策				
（1）是否参与了计划的制订		0.2		
（2）能否主动寻找解决问题的办法		0.2		
（3）制订的实施计划是否合理、可行		0.2		
3. 实施				
（1）旅行社设立的构想	搜集资料全面、高效	0.5		
	活动参与度高	0.5		
	表单填写完整准确	0.5		
	旅行社选址合理、可行	1		
（2）旅行社社名和社徽	社名反映旅行社业务和宗旨、朗朗上口、有个性	1		
	社徽醒目形象、富有美感	1		
（3）填写旅行社设立申请表	表单填写规范正确	1		
（4）旅行社内部建设	组织设计合理	0.5		
	招聘广告内容完整准确	1		
	制度规范完整，体现以人为本	0.5		
（5）成果汇报	汇报清晰、全面	0.5		
	制作精美的PPT	0.5		
4. 检查与评价				
	学生准确实施了行动过程	0.2		
	学生展示的缺陷和改进措施	0.2		
	学生评价自己的成果是否合适	0.2		
	总分			

拓展阅读

星相伴　行无疆

中国旅游集团有限公司暨香港中旅（集团）有限公司是中央直接管理的国有重要骨干

企业，也是总部在中国香港地区的三家中央企业之一。集团的前身是爱国银行家陈光甫先生于1928年设立的中国旅行社香港分社（港中旅）。经过近百年的发展，集团形成了由旅行服务、旅游投资和运营、旅游零售、酒店运营、旅游金融、战略创新孵化六大业务组成的产业布局，网络遍布内地、港澳和海外近三十个国家和地区。

1. 企业形象

标志图形简明，色彩多元，由彩色花环组成，向用户传达缤纷多彩的美好旅游体验，以及花朵绽放带来快乐鲜活的品牌感受。标志中心的镂空五星设计强化用户对中国旅游集团的过往认知，传承集团原有的品牌资产和历史印记，同时通过镂空五星的拼接设计体现集团品质创新、多元开发的品牌特点。环绕箭头代表旅游用户通过集团产品，聚集出发去体验更加美好的旅游服务，同时体现中国旅游集团各个业务紧密协同，同星共聚的

企业凝聚力和产业引领力。五色箭头中，黄色代表快乐的心情，橙色代表温暖的感受，红色代表热情的服务，蓝色代表舒适的体验，绿色代表健康的产品，整体体现中国旅游集团提供全要素维度的美好旅游。

2. 企业宗旨

（1）服务大众：1928年港中旅成立时就提出"发扬国光、服务行旅、阐扬名胜、致力货运、推进文化、以服务大众为己任"的宗旨。"服务大众"已深深植入港中旅人的思想深处。中国旅游集团始终以民众的需求为企业的最高目标，以客户满意为服务宗旨，努力为社会大众提供安全、精致的产品和周到、体贴的服务。

（2）创造快乐：中国旅游集团是目前国内最大的旅游企业集团，以旅游为主业，以创造精神文化产品、为大众提供高品质的生活为目标。始终突出创造快乐的主题，通过不断开发新的旅游专案，提供高品质的产品和服务，引领时尚生活，把快乐、和谐传递到世界各地。

3. 企业价值观

（1）诚信为本：诚实是襟怀坦荡，光明磊落，对国家、对企业忠诚；守信是言行一致，表里如一，重合同，守信用，对用户负责，对企业负责。中国旅游集团始终视诚信为"立身之本、发展之基、信誉之源"，把诚信建设当作关乎企业生命的大事，落实在企业管理的各个环节，把诚信意识注入员工的思想和工作行为。

（2）追求卓越：是一种永不止息、创新超越的进取心态，是一种对完善、完美境界孜孜追求的崇高精神，体现了保持创新、持续改进、强调高效、注重效益的企业要求。中国旅游集团人始终以"没有最好，只有更好"的心态和标准，要求自己，追求高标准的工作结果。

资料来源：http://www.ctg.cn/

学生任务单

表单 1-1

（　　）地区旅行社调查表

序号	名称	位置	面积	工作人员	旅行社类型	注册资本

调查小组成员：

记录人：

汇总人：

审核人：

表单 1-2

旅行社选址实地调查表

影响因素	调查结果
行人流量	
目标市场	
顾客进出便利程度	
竞争环境	
能见度	
投资成本	
其他因素	

调查小组成员：

记录人：

汇总人：

审核人：

表单 1-3

设立旅行社申请书

_____旅游局：

兹有 _____ 申请在
_____ 设立一家

□经营国内旅游业务和入境旅游业务的旅行社
□经营出境旅游业务的旅行社
□外商投资旅行社

旅行社中文名称：_____，

英文名称及缩写：_____，

该旅行社采取 _____ 方式设立，主要出资人及其出资额、出资方式：

1.
2.
3.
4.
5.

总出资额为_____万人民币。

特此申请，请予审批。

申请人签章：
年　　月　　日

表单 1-4

经营场所情况及证明

营业面积		用户来源		租期	
地　　址				邮编	
（说明：将经营场所租赁合同、房地产权证明附在此页或后面）					

表单 1-5

营业设施设备情况及证明

营 业 设 施 设 备 情 况			
名　称	单位	数量	价值/万元	备　注

注：1. 如以互联网形式经营的，请将网站地址在备注栏注明；
　　2. 将营业设施设备证明或说明附在此页后面

表单 1-6

法定代表人履历表

姓名		性别		出生年月		（贴照片）
民族		文化程度		专业		
参加工作时间						
从事的主要工作						
职称		证书名称及号码				
身份证号码			联系电话			

	起止年月	工作单位	职务
从事旅游及相关工作经历			

说明：将法定代表人任职证明和身份证复印件附在后面

模块二

旅行社产品设计

  传统的旅游六大要素"食、住、行、游、购、娱"中,"食"由餐饮行业提供,"住"由住宿行业提供,"行"由交通行业提供,"游"由旅游资源行业提供,"购"由旅游商品行业提供,"娱"由娱乐服务行业提供,然后由旅行社负责分析、选择、组合各种旅游要素,将其包装为综合性的旅游产品。原来的六要素虽然囊括了旅游的各个方面,但如今激发人们旅游的动机要素越来越多,2015年全国旅游工作会议上,国家旅游局局长李金早提出了新的旅游六要素,即"商、养、学、闲、情、奇"。"商"是指商务旅游,包括商务旅游、会议会展、奖励旅游等旅游新需求、新要素;"养"是指养生旅游,包括养生、养老、养心、体育健身等健康旅游新需求、新要素;"学"是指研学旅游,包括修学旅游、科考、培训、拓展训练、摄影、采风、各种夏令营冬令营等活动;"闲"是指休闲度假,包括乡村休闲、都市休闲、度假等各类休闲旅游新产品和新要素,是未来旅游发展的方向和主体;"情"是指情感旅游,包括婚庆、婚恋、纪念日旅游、宗教朝觐等各类精神和情感的旅游新业态、新要素;"奇"是指探奇,包括探索、探险、探秘、游乐、新奇体验等探索性的旅游新产品、新要素。随着人们旅游需求的不断升级,不仅仅是现在的旅游新六要素,今后还会拓展出更新、更多的旅游发展要素。那么,如何才能创新旅游线路,满足旅游业蓬勃发展的新趋势呢?让我们从现在开始学习开发更具有创意的旅游产品吧!

模块二　旅行社产品设计

项目一　设计周边短线旅游产品

项目介绍

当地的旅游资源是进行旅游产品设计的最基本的旅游吸引因素。只有在很好地掌握了当地旅游吸引物的基础上才能够对旅游产品的策划、包装、营销各个环节进行有效的操作。本项目要求学生通过各种媒介手段对当地的旅游资源有一个比较全面的了解和掌握，在此基础上完成周边短途旅游产品的设计，在设计过程中熟悉产品设计的过程和原则。

学习目标

➢ 1. 知识目标
（1）了解旅游产品开发的内容，旅游产品开发的原则；
（2）掌握旅游线路设计的环节。
➢ 2. 能力目标
（1）能够有效收集、筛选、整合旅游资源信息；
（2）能够根据不同主题筛选旅游资源，设计旅游线路。
➢ 3. 素质目标
（1）激发专业热情，增强专业责任感和团队合作意识；
（2）培养开展工作的创新思维；
（3）培养家国情怀，增强"四个自信"；
（4）锤炼工匠精神，培育劳动意识。

学时安排

4 学时

工作情景描述

旅游业发展到现在，已经到了以全域旅游和自由行、自驾游为主的全新阶段，显然要求我们必须从现在的景点旅游模式转变为主题旅游模式。请你以所在地区为例，完成省内三日游旅游线路设计。可选择主题有自驾游旅游线路、研学旅游线路、美食购物旅游线路、休闲度假旅游线路、"驴友"郊外旅游线路、夕阳红旅游线路、亲子游旅游线路、情侣旅游线路等。

工作任务一 本地旅游资源调查

【任务目标】

1. 掌握各种获取信息的渠道；
2. 熟悉当地的旅游资源，并能够将旅游资源进行基本的分类；
3. 能对同类的旅游资源进行比较和分析；
4. 根据调研结果和查询相关资料撰写当地旅游资源调研报告；
5. 通过旅游资源调查，学习古人智慧，增强民族自信。

【实施条件】

实训室、本地旅游景区。

【实施过程】

环节	操作及说明	注意事项及要求
环节一	通过网上查阅资料和实地调研的形式对本地区的旅游资源进行调查，调查内容如下： （1）本地旅游资源的数量； （2）本地旅游资源的类型； （3）本地旅游资源地理分布； （4）本地旅游资源吸引力； （5）本地旅游资源开发状况； （6）本地旅游资源基础设施； （7）本地旅游资源的交通条件、可达性	1. 根据调查内容灵活选取多种调查方式，可以通过网络、电话、实地调研等多种方式进行。 2. 教师进行协调，每组负责调研报告一部分的撰写，最后汇总成一个比较全面的调研报告
环节二	通过上网查阅资料，调查相邻区域旅游资源是否与当地旅游资源类型相似，构成对同一潜在游客市场的有力竞争	
环节三	汇总旅游资源调查和周边旅游资源调查的结果，填写本地旅游资源调查表（表单2-1）、周边旅游资源调查表（表单2-2），分析本省的旅游资源特点与目前的发展状况，撰写当地旅游资源调研报告	

课堂笔记：

工作任务二　设计旅游线路

【任务目标】

1. 掌握旅游线路设计的环节；
2. 掌握旅游线路设计的原则。

【实施条件】

实训室，每名学生配备一台连接互联网的计算机。

【实施过程】

环节	操作及说明	注意事项及要求
环节一	确定产品的市场定位，然后根据资源特色、地理位置和环境条件提出鲜明主题，线路主题需具有感召力和实践性	
环节二	根据主题选择旅游城市节点，旅游景区节点。注意优化原则，各旅游景点应各具特色、丰富多彩、主题突出	
环节三	充分考虑目标顾客的需求，选择交通工具，确定出发和到达时间	1. 小组同学头脑风暴，反复推敲主题，论证之后确定。
环节四	计划活动日程，安排每天活动，合理安排停留时间，体现劳逸结合、丰富多彩、高潮迭起的原则	2. 小组成员分别阐述自己的线路安排，综合讨论之后确定
环节五	结合酒店和餐馆的硬件设施、服务状况、地理位置、价格水平等选择合适的餐饮住宿。遵循物美价低、环境优雅、交通便利、有特色的原则	
环节六	根据不同主题、不同内容、不同级别、不同结构的旅游产品安排策划娱乐活动。遵循安全第一、内容丰富、体现特色文化的原则	

【知识链接】

请扫码阅读知识链接。

旅行社产品

工作任务三　制作旅游线路行程表

【任务目标】

1. 掌握旅游线路行程表的主要内容；
2. 能美化线路行程表，吸引游客。

【实施条件】

实训室，每名学生配备一台连接互联网的计算机。

【实施过程】

环节	操作及说明	注意事项及要求
环节一	小组确定好线路安排之后，将线路行程安排可视化，制作旅游线路行程表	1. 活动以学生分组的形式进行，小组成员注意分工协作，各司其职，按时完成任务。 2. 小组成员共同完成最终成果：××旅行社××线路行程表
环节二	为了让线路更具有吸引力，对文档进行润色，以便打动旅游消费者购买	

【知识链接】

请扫码阅读知识链接。

旅游线路行程表

课堂笔记：

工作任务四　成果汇报与考核评价

【任务目标】

1. 进行成果汇报，掌握成果汇报展示的方法并进行训练；
2. 评价各组的工作情况；
3. 评价过程中培养诚实守信、求真务实、自我总结的精神。

【实施条件】

实训室，配备多媒体设备。

【实施过程】

环节	操作及说明	注意事项及要求
环节一	以组为单位交流汇报调研成果，组与组之间提出问题、交流，师生互动，要求PPT展示，每组限定时间。汇报要点如下： （1）线路主题； （2）线路介绍； （3）主要景点介绍； （4）与大众线路相比的优势	汇报过程中小组之间注意发现问题，并及时提出问题，之后大家共同讨论解决问题
环节二	学生自评、互评、小组组长点评各个组员的工作成效	
环节三	指导教师给各组评分，并进行有针对性的点评，汇总各组成果。引导学生在旅游资源介绍的时候感受古人的智慧，锤炼工匠精神，增强民族自豪感	

课堂笔记：

【考核评价】

表 2-1-1　学生自评表

考核项目：设计周边短线旅游产品			班级：	姓名：
小组名称：			小组组长：	
小组成员：				
过程评价	完成时间		提前完成	
			准时完成	
			超时完成	
	完成质量		优秀	
			良好	
			有待改进	
结果评价	评价标准		分值	得分
	运用多种渠道主动学习相关知识、提升能力		5	
	运用多种方式搜集资讯		5	
	计划制订合理、可行		10	
	调研过程中积极主动地获得信息		10	
	调研报告信息翔实、客观，发表个人观点		15	
	能够设计一条完整的旅游线路，且线路设计合理、有创新		30	
	线路行程表制作具有吸引力		15	
	团队合作		10	
总分				
学习收获：				

表 2-1-2　小组互评表

考核项目：设计周边短线旅游产品		满分	得分
成果展示	是否全面地进行了信息的收集	20	
	是否在规定时间内完成了所要求的全部工作内容	20	
	课堂展示是否清晰流畅	10	
	线路设计是否合理，有创造力	30	
	团队协作	10	
	回答问题	10	
总分		100	

表 2-1-3　教师评价表

考核项目：设计周边短线旅游产品		班级：	姓名：	
小组名称：		小组组长：		
小组成员：				
评价标准		权数	检查情况	得分
1. 资讯				
（1）能正确理解任务的要求和目标		0.2		
（2）能合理运用多种方式搜集资讯		0.2		
（3）能自主获得与任务有关的新知识		0.3		
2. 计划和决策				
（1）是否参与了计划的制订		0.2		
（2）能否主动寻找解决问题的办法		0.3		
（3）制订的实施计划是否合理、可行		0.2		
3. 实施				
（1）本地旅游资源调查	搜集资料全面、高效	0.5		
	活动参与度高	0.5		
	调查报告资料翔实、准确	1		
	表单填写完整准确	0.5		
（2）设计旅游线路	线路设计是否合理	1		
	产品不雷同，具有新颖的创意	1		
	活动参与度高	1		
（3）制作旅游线路行程表	线路设计文本精美	1		
（4）成果汇报	汇报清晰、全面	1		
	制作精美的 PPT	0.5		
4. 检查与评价				
（1）准确实施了行动计划		0.2		
（2）成果展示的缺陷和改进措施		0.2		
（3）自我评价是否客观恰当		0.2		
总分				

拓展阅读

十条精品红色旅游线路

为了庆祝建党 100 周年，在"中国旅游日"即将到来之际，北京市文化和旅游局推出 10 条精品红色旅游线路，方便市民探访红色旅游资源，重温红色记忆。

（1）新中国"进京赶考"之旅（颐和园—香山公园—香山革命纪念馆）；

（2）中国共产党早期革命活动之旅（陶然亭公园—中山公园）；

（3）"新文化及五四运动"发祥之旅（"北大红楼"—蔡元培故居—北总布胡同火烧赵

家楼旧址）；

（4）我爱北京天安门爱国情怀之旅（天安门广场升旗—毛主席纪念堂—国家博物馆）；

（5）烽火卢沟桥红色血脉之旅（中国人民抗日战争纪念馆—宛平城—卢沟桥）；

（6）经典红色歌曲唱响之旅（房良县农村联合第一党支部—没有共产党就没有新中国纪念馆）；

（7）追忆中国革命先驱之旅（李大钊故居—李大钊烈士陵园—八宝山革命公墓）；

图 2-1-1　天安门

（8）盛世中国奥运圆梦之旅（奥林匹克公园—奥林匹克塔—奥林匹克森林公园—国家速滑馆"冰丝带"）；

（9）新国门"兴"世界开放之旅（大兴国际机场—钧天坊古琴基地—同仁堂零号店）；

（10）焦庄户地道战红色之旅（河北民俗园—柳庄户村—焦庄户地道战遗址纪念馆）。

资料来源：北京青年报

项目二　设计国内长线主题旅游产品

项目介绍

近年来国内旅游市场由卖方市场向买方市场过渡，旅游企业间的竞争日益白热化，加之旅游企业对旅游产品重视不够，不愿在旅游产品设计上耗费时间、资金和精力，导致国内旅游企业的线路、产品单一，同质化严重，使得企业陷入以价格竞争为主的过度竞争旋涡中无法自拔。这一恶性循环不仅使旅游企业的利润率普遍下降，更造成旅游产品内容缩水，质量下降，反过来又进一步加速旅游企业效益的下滑。

游客需求调查是旅游产品设计前期必需的环节，只有更好地确定游客的需求特征才能有的放矢地设计出适应市场需求的产品。否则，产品设计只能是无源之水、无本之木。本项目主要是提升学生设计主题旅游线路的能力，学生通过掌握市场调查的基本方法，能够通过游客需求市场信息的分析获得有价值的旅游产品设计思路，进而设计出有针对性的旅游线路。

学习目标

➢ 1. 知识目标
（1）掌握旅游线路设计的要点；
（2）熟练掌握旅游线路设计的内容和原则。
➢ 2. 能力目标
能根据游客需求开发出主题旅游线路。
➢ 3. 素质目标
（1）提升博闻强识、融会贯通的文化底蕴；
（2）提升国家荣誉感、民族自豪感，树立文化自信；
（3）培养辩证思考、创新思维的能力。

学时安排

4 学时

工作情景描述

我国目前市面上很多旅游线路都出现同质化严重、缺乏创意的问题。在差异化趋势日益明显的今天，如何区别设计各类旅游线路、合理配置基本要素、丰富主题线路内容、打造旅游品牌，形成精品的旅游线路成了制约旅行社发展的重要问题。你所在的旅行社决定召开会议让员工献计献策，改进现有的旅游线路。

工作任务一　针对特殊群体的旅游需求问卷调查

【任务目标】

1. 熟悉问卷的一般设计方法;
2. 设计针对特定人群的游客需求调查问卷,调查特殊人群的旅游需求;
3. 了解数据分析的一般方法;
4. 掌握调研报告撰写的基本方法;
5. 培养求真务实、追根溯源的学习能力。

【实施条件】

实训室,每名学生配备一台连接互联网的计算机。

【实施过程】

环节	操作及说明	注意事项及要求
环节一	确定市场细分,常见的人口细分标准有年龄、收入、教育程度、职业、家庭规模等	1. 教师进行协调,每个小组选择不同市场细分。 2. 问卷设计完成后,小组内部互相试调查,互相给出修改意见,完善最终的调查问卷。 3. 小组成员共同完成最终成果:××人群旅游需求报告
环节二	完成调查问卷设计,标准的问卷调查分为标题、说明词、填表说明、正文和作业记录	
环节三	确定调查问卷并进行真实客源需求的调查,将问卷放到调查问卷网络,完成相关网络问卷的调研	
环节四	利用网站统计相关游客需求的数据,之后进行数据分析。针对调研结果,撰写旅游需求分析报告	

【知识链接】

请扫码阅读知识链接。

旅游市场细分

工作任务二　针对特殊群体设计主题旅游产品

【任务目标】

1. 掌握旅游线路设计的环节；
2. 掌握旅游线路设计的原则；
3. 培养创新思维和用户至上的服务理念。

【实施条件】

实训室，每名学生配备一台连接互联网的计算机。

【实施过程】

环节	操作及说明	注意事项及要求
环节一	根据特殊群体的消费特点确定旅游线路的主题、目的和意义	1. 小组同学头脑风暴，反复推敲主题，论证之后确定。 2. 小组成员分别阐述自己的线路安排，综合讨论之后确定
环节二	根据确定好的主题和群体特点选择旅游城市节点，填写该地区旅游资源调查表（表单2-3），绘制简易地图，确定景区节点	
环节三	充分考虑目标顾客的需求，选择交通工具，确定出发和到达时间	
环节四	计划活动日程，安排每天活动，合理安排停留时间。体现劳逸结合、丰富多彩、节奏感强、高潮迭起的原则	
环节五	结合酒店和餐馆的硬件设施、服务状况、地理位置、价格水平等选择合适的餐饮住宿。遵循物美价低、环境优雅、交通便利、有特色的原则	
环节六	根据不同主题、不同内容、不同级别、不同结构的旅游产品安排策划娱乐活动。遵循安全第一、内容丰富、雅俗共赏、体现特色文化的原则	

课堂笔记：

工作任务三　制作旅游线路行程表

【任务目标】

1. 掌握旅游线路行程表的主要内容；
2. 能美化线路行程表，吸引游客。

【实施条件】

实训室，每名学生配备一台连接互联网的计算机。

【实施过程】

环节	操作及说明	注意事项及要求
环节一	小组确定好线路安排之后，将线路行程安排可视化，制作旅游线路行程表	1. 活动以学生分组的形式进行，小组成员注意分工协作，各司其职，按时完成任务。 2. 小组成员共同完成最终成果：××旅行社××线路行程表
环节二	为了让线路更具有吸引力，对文档进行润色，以便打动旅游消费者购买	

课堂笔记：

工作任务四　成果汇报与考核评价

【任务目标】

1. 进行成果汇报，掌握成果汇报展示的方法并进行训练；
2. 评价各组的工作情况；
3. 评价过程中具有诚实守信、求真务实、自我总结的精神。

【实施条件】

实训室，配备多媒体设备。

【实施过程】

环节	操作及说明	注意事项及要求
环节一	以组为单位交流汇报调研成果，组与组之间提出问题、交流、师生互动，要求PPT展示，每组限定时间。汇报要点如下： （1）线路主题； （2）线路介绍； （3）主要景点介绍； （4）与大众线路相比的优势	汇报过程中小组之间注意发现问题，并及时提出问题，之后大家共同讨论解决问题
环节二	学生自评、互评、小组组长点评各个组员的工作成效	
环节三	指导教师给各组评分，并进行有针对性的点评，汇总各组成果。引导学生在汇报过程中，熟悉中国的历史及文化，感悟中国在经济建设和科技创新方面取得的成就，教育学生关心祖国的前途和命运，增强"四个自信"	

课堂笔记：

【考核评价】

表2-2-1　学生自评表

考核项目：设计国内长线主题旅游产品		班级：		姓名：
小组名称：			小组组长：	
小组成员：				
过程评价	完成时间		提前完成	
			准时完成	
			超时完成	
	完成质量		优秀	
			良好	
			有待改进	
结果评价	评价标准		分值	得分
	运用多种渠道主动学习相关知识、提升能力		5	
	运用多种方式搜集资讯		5	
	计划制订合理、可行		5	
	问卷设计合理		15	
	调查结果具有研究价值		10	
	调查样本选取合理，数据分析准确		15	
	线路设计合理，具有创新性		20	
	线路行程表具有吸引力		15	
	团队合作		10	
总分				
学习收获：				

表2-2-2　小组互评表

考核项目：设计国内长线主题旅游产品		满分	得分
成果展示	是否全面地进行了信息的收集	20	
	是否在规定时间内完成了所要求的全部工作内容	20	
	课堂展示是否清晰流畅	10	
	线路设计是否合理，有创造力	30	
	团队协作	10	
	回答问题	10	
总分		100	

表 2-2-3　教师评价表

考核项目：设计国内长线主题旅游产品		班级：		姓名：
小组名称：		小组组长：		
小组成员：				
评价标准		权数	检查情况	得分
1. 资讯				
（1）能正确理解任务的要求和目标		0.2		
（2）能合理运用多种方式搜集资讯		0.2		
（3）能自主获得与任务有关的新知识		0.3		
2. 计划和决策				
（1）是否参与了计划的制订		0.2		
（2）能否主动寻找解决问题的办法		0.3		
（3）制订的实施计划是否合理、可行		0.2		
3. 实施				
（1）针对特殊群体的旅游需求问卷调查	问卷结构合理，问题类型全面	0.5		
	样本选取合理	0.5		
	数据分析真实可信，为后一步产品设计提供有价值依据	1		
	活动参与度高	0.5		
（2）针对旅游群体设计主题旅游产品	线路设计是否合理	0.5		
	产品不雷同，具有新颖的创意	1		
	活动参与度高	1		
（3）制作旅游线路行程表	线路设计文本精美	1		
（4）成果汇报	汇报清晰、全面	1		
	制作精美的 PPT	1		
4. 检查与评价				
（1）准确实施了行动计划		0.2		
（2）成果展示的缺陷和改进措施		0.2		
（3）自我评价是否客观恰当		0.2		
总分				

拓展阅读

秦唐古韵——西安六日游旅游线路

Day 1 乘飞机，赴西安，导游接机。

Day 2 早餐后乘车赴天下第一陵【黄帝陵、轩辕庙】，拜谒中华儿女共同的始祖——轩辕黄帝。后乘车赴宜川，抵达后游览世界上唯一的金色瀑布【黄河壶口瀑布】，黄河巨流至此，两岸苍山夹持，约束在狭窄的石谷中，山鸣谷应，声震数里，领略"天下黄河一壶收"

的汹涌澎湃，车游"陕北的好江南"——南泥湾。南泥湾精神是延安精神的重要构成"自己动手、丰衣足食"，激励着我们一代又一代的中华儿女，在旅行中释放情怀，触摸延安精神的灵魂，赴延安入住。

Day 3 早餐后乘车游览滚滚延河水，远眺延安革命的象征和标志——宝塔山，后参观抗战时期的"中南海"【枣园革命旧址】，中央大礼堂，毛泽东、周恩来、刘少奇等老一辈革命家故居。参观革命旧址王家坪或杨家岭，戴上"红军帽"，满满的红军情怀随景而生。授予"毛主席纪念章"，象征红军一分子的荣誉油然而生。欣赏中国首部大型红色历史舞台剧《延安保育院》。

图 2-2-1　枣园革命旧址

Day 4 早餐后乘车赴临潼，参观中国唐文化标志性景区【唐华清宫】，这里因骊山亘古不变的温泉资源、烽火戏诸侯的历史典故、唐明皇与杨贵妃的爱情故事及西安事变的发生地而享誉海外。中餐后参观世界文化遗产【秦始皇陵兵马俑博物院】，这是世界上最大的"地下军事博物馆"、世界考古史上最伟大的发现之一，堪称"世界第八大奇迹"，游览非物质文化美食街【永兴坊】，咸阳的面馆，潼关的肉夹馍，陕北横山的炖羊肉……

Day 5 早餐后观【陕西历史博物馆】，馆藏文物370 000余件。中国历史上强盛的周、秦、汉、唐等王朝曾在陕西西安附近建都，拥有丰富的文化遗存，深厚的文化积淀，陕西历史博物馆则是展示陕西历史文化和中国古代文明的艺术殿堂。乘车参观丝绸之路起点——【汉城湖】参观2000年前汉长安城城墙遗址，登临【大风阁】参观【丝绸之路博物馆】，观看再现宏大场景的帝王史诗弧幕电影《天汉长安》，行汉礼，写汉字，说汉语，做汉人，体验汉文化。乘车至亚洲最大的音乐喷泉广场——【大雁塔北广场】，远观西安标志性建筑——大雁塔，相传唐玄奘从印度取经回国后，为了供奉和储藏梵文经典和佛像舍利等物亲自设计并督造建成的。

Day6 早餐后，乘机返回。

项目三　设计出境定制旅游产品

项目介绍

伴随旅游业的飞速发展，普通的旅游线路已经不能满足广大旅游者的进一步需求，而"私人定制"旅游线路就以其独特的设计模式走进旅游者的视野，受到旅游者的青睐。"私人定制"旅游线路的出现，打破了原始旅游线路的固定模式，是一个将个性化、高端化等各种元素渗透到传统旅游方式的过程，虽然国内做"私人定制"的旅行社层出不穷，但是真正得到游客好评的甚少，这样的现象说明这种线路在设计和实施过程中有一定的难度。

私人定制不是将市场上比较成熟的路线进行模仿改进，而是要将对旅游者的个性化服务达到最大化，是旅游发展的品质表现。本项目主要通过私人定制旅游线路的设计，学习私人定制旅游线路设计和传统旅游线路设计的不同之处。

学习目标

➢ 1. 知识目标
（1）熟练掌握旅游线路设计的内容和原则；
（2）掌握定制旅游线路设计的要点。
➢ 2. 能力目标
能根据游客需求开发出定制旅游线路。
➢ 3. 素质目标
（1）激发专业热情，增强专业责任感和团队合作意识；
（2）培养开展工作的创新思维；
（3）塑造诚信服务、追求卓越、精益求精、用户至上的工匠精神。

学时安排

4 学时

工作情景描述

某公司企业高管的小马和女友结束了几年的爱情长跑走进婚姻的殿堂。他们准备蜜月旅游，于是四处收罗旅游广告和旅游线路报价，但是资料收集越多，他们越迷惑："众多旅行社在线路安排上怎么都是千篇一律？"他们听说你所在的旅行社提供私人定制业务，前来咨询，经理请你为他们设计一款定制旅游产品。

工作任务一　国际旅游区旅游线路调查

【任务目标】

1. 掌握六大国际旅游区旅游业的发展情况；
2. 掌握各大旅行社目前经营的出境旅游线路；
3. 培养查阅资料、追根溯源的学习能力。

【实施条件】

实训室、校企合作的旅行社。

【实施过程】

环节	操作及说明	注意事项及要求
环节一	通过网上查阅世界六大旅游区旅游业发展情况，调查内容如下： （1）六大旅游区划分； （2）地形气候； （3）交通条件； （4）旅游业发展情况	1. 教师进行协调，每个小组选择不同的旅游区。 2. 根据调查内容灵活选取多样的调查方式，可以通过网络、电话、实地调研等多种方式进行
环节二	走访校企合作的旅行社，调查目前本地经营的各大区的旅游线路，填写出境旅游线路调查表（表单2-4）	

课堂笔记：

工作任务二 定制旅游线路

【任务目标】

1. 充分了解客户需求；
2. 根据客户需求策划活动安排；
3. 撰写私人定制旅游方案。

【实施条件】

实训室，每名学生配备一台连接互联网的计算机。

【实施过程】

环节	操作及说明	注意事项及要求
环节一	了解客户需求，并做好记录，填写记录单（表单2-5）	1. 小组成员角色扮演，由两名同学扮演顾客，其余同学扮演旅行社员工。 2. 设计人员分别阐述自己的线路安排，综合讨论之后确定。 3. 根据与客户的沟通，进行线路的最后确认，完成最终成果：××私人定制旅行线路
环节二	根据客户需求确定旅游城市节点，绘制简单地图，合理安排游览顺序	
环节三	充分考虑目标顾客的需求，选择交通工具，确定出发和到达时间	
环节四	充分考虑目标顾客的需求，计划活动日程，安排每天活动	
环节五	选择合适的酒店，注意酒店和餐馆的硬件设施、服务状况、地理位置、价格水平等要满足目标顾客的需求	
环节六	根据顾客需求策划娱乐、购物等活动	
环节七	与客户进行沟通，根据客户提出的要求进行更改，形成线路行程表	

课堂笔记：

工作任务三　成果汇报与考核评价

【任务目标】

1. 进行成果汇报，掌握成果汇报展示的方法并进行训练；
2. 评价各组的工作情况；
3. 评价过程中培养诚实守信、求真务实、自我总结的精神。

【实施条件】

实训室，配备多媒体设备。

【实施过程】

环节	操作及说明	注意事项及要求
环节一	以组为单位交流汇报调研成果，组与组之间提出问题、交流、师生互动，要求PPT展示，每组限定时间。汇报要点如下： （1）线路主题； （2）线路介绍； （3）主要景点介绍； （5）与客户沟通的调整过程	汇报过程中小组之间注意发现问题，并及时提出问题，之后大家共同讨论解决问题
环节二	学生自评、互评、小组组长点评各个组员的工作成效	
环节三	指导教师给各组评分，并进行有针对性的点评，汇总各组成果。引导学生总结旅游定制师需要具备的基本职业素质，引导学生养成诚信服务、游客至上的服务意识	

课堂笔记：

【考核评价】

表 2-3-1　学生自评表

考核项目：设计出境定制旅游产品			班级：	姓名：
小组名称：			小组组长：	
小组成员：				
过程评价	完成时间		提前完成	
			准时完成	
			超时完成	
	完成质量		优秀	
			良好	
			有待改进	
结果评价	评价标准		分值	得分
	运用多种渠道主动学习相关知识、提升能力		5	
	运用多种方式搜集资讯		5	
	计划制订合理、可行		10	
	调研过程中积极主动地获得信息		10	
	调研信息翔实、客观		10	
	是否能够设计一条完整的旅游线路，且线路设计合理、有创新		30	
	能根据客户的需求进行调整设计		20	
	团队合作		10	
总分				
学习收获：				

表 2-3-2　小组互评表

考核项目：设计出境定制旅游产品		满分	得分
成果展示	是否全面地进行了信息的收集	20	
	是否在规定时间内完成了所要求的全部工作内容	20	
	课堂展示是否清晰流畅	10	
	线路设计是否合理，符合客户需求，有创造力	30	
	团队协作	10	
	回答问题	10	
总分		100	

表 2-3-3　教师评价表

考核项目：设计出境定制旅游产品		班级：		姓名：
小组名称：		小组组长：		
小组成员：				
评价标准		权数	检查情况	得分
1. 资讯				
（1）能正确理解任务的要求和目标		0.2		
（2）能合理运用多种方式搜集资讯		0.2		
（3）能自主获得与任务有关的新知识		0.3		
2. 计划和决策				
（1）是否参与了计划的制订		0.2		
（2）能否主动寻找解决问题的办法		0.3		
（3）制订的实施计划是否合理、可行		0.2		
3. 实施				
（1）国际旅游区旅游线路调查	搜集资料全面、高效	0.5		
	活动参与度高	0.5		
	表单填写完整准确	1		
	调查资料翔实、准确	0.5		
（2）定制旅游线路	充分了解客户需求	1		
	线路设计合理，有创新	1		
	能根据客户要求进行调整	1		
	充分体现私人定制	0.5		
	线路设计文本精美	1		
（3）成果汇报	汇报全面	0.5		
	制作精美的 PPT	0.5		
4. 检查与评价				
（1）准确实施了行动计划		0.2		
（2）成果展示的缺陷和改进措施		0.2		
（3）自我评价是否客观恰当		0.2		
总分				

拓展阅读

"旅游定制师"标准出台　力促旅游专业化发展

2020 年 9 月 1 日，中国旅行社协会标准管理委员会批准发布《旅游定制师等级划分与评定》标准，编号为 T/CATS 001—2020，自发布之日起实施。该标准对"旅游定制师""定制旅游产品"等相关术语进行了明确定义，对"旅游定制师"进行了等级划分，对初、中、高三级"旅游定制师"的任职资格、知识要求和技能水平提出了相应的要求。同时，建立"旅游定制师"退出机制，不同等级旅游定制师评定结果的有效期为 2 年，并依据职业发展情况和相应的知识技能更新，进行重新评定和复核。

近年来，定制游异军突起，随着每年尝试定制游的旅游者成倍增长，"旅游定制师"逐渐进入人们视野，成为深受年轻人喜爱的新兴职业。尤其是现代的旅游者和年轻消费群体对于为服务买单越来越热认可，期望得到差异化、定制化的旅游服务。由于从事定制游的企业种类繁多，很难形成统一的服务标准，对于"旅游定制师"也没有明确的从业能力评定和职业导向。《旅游定制师等级划分与评定》（T/CATS 001—2020）的发布，结束了"旅游定制师"职业从业标准和评价无据可依的状态，也提高了一些定制旅游服务企业和个人打造品牌定制旅游企业和工作室的积极性，促进旅游服务转型升级，保障定制游市场的规范化发展。

1. 定制旅游产品

定制旅游产品是旅行社接受旅游者委托，根据旅游者的需求，单独设计行程、报价并提供服务的专项产品及服务，包括但不限于单向旅游服务、会议服务、奖励旅游服务、特种旅游服务。

2. 旅游定制师

旅游定制师是依托定制旅游产品相关资源、服务、组织，以及供应链体系，提供定制化旅游产品设计方案和实施方案的从业人员。

3. 基本条件

（1）遵守国家法律、法规，遵守职业道德和行业规范，遵守社会公序良俗；

（2）秉承先进的服务理念和服务意识，践行服务精神；

（3）爱岗敬业、尽职守信，具有团队合作精神；

（4）善于表达和倾听，大方得体，具有一定的文化底蕴；

（5）以客户为中心，提供优质服务。

资料来源：http://www.cats.org.cn/

《旅游定制师等级划分与评定》

学生任务单

表单 2-1

（　　）地区旅游资源调查表

序号	名称	位置	面积	资源类型	景区等级	游客数量

调查小组成员：

记录人：

汇总人：

审核人：

表单 2-2

（　　）地区周边旅游资源调查表

序号	名称	位置	面积	资源类型	景区等级	游客数量

调查小组成员：

记录人：

汇总人：

审核人：

表单 2-3

（　　）地区旅游资源调查表

序号	名称	位置	面积	资源类型	景区等级	游览时间

调查小组成员：

记录人：

汇总人：

审核人：

表单 2-4

（　　）地区出境旅游线路调查

序号	线路名称	天数	出发城市	途经国家	主要景点	产品特色

调查小组成员：

记录人：

汇总人：

审核人：

表单 2-5

了解客户需求记录单

姓名		性别		年龄		职业	
出行人数		出发日期		出游天数			
旅游目的地要求							
餐饮要求							
住宿要求							
希望参与的活动							
定制等级							
其他需求							

模块三

旅行社外联销售

旅行社行业竞争激烈，外联业务是开展其他业务的先决条件，也是旅行社间竞争的关键因素。外联与销售人员承担着整个旅行社信息反馈、产品销售、市场拓展等多项任务，因此旅行社外联工作开展的成效直接决定旅行社的生存和发展。在经过一系列的业务宣传与推广，将旅行社及相关产品的信息通过各种渠道送达消费者后，有一定消费意愿的旅游者就会主动来联系旅行社，进一步了解旅行社和旅游产品信息。此时，怎样将有消费意愿的消费者转化为实际的消费者，怎样将实际的消费者变为忠诚的消费者就成了旅行社面临的关键问题。

旅行社外联销售主要有三种方式：电话销售、门市销售和网络销售。电话营销，是指旅行社外联销售人员通过电话向游客介绍产品信息，回答游客提出的问题，征求他们对产品的意见并询问他们是否愿意购买这些产品。门市销售主要针对直接到店的客户，客人到访旅行社门市部，工作人员专门针对客人咨询的旅游业务，面对面地提供服务。门市销售是旅行社外联销售中最常见的销售方式，它通过门市部人员与顾客的接触和沟通，来达到宣传旅行社企业形象、加速产品销售的目的。现在，随着互联网逐渐成为人们生活中必不可少的一部分，约70%的网络用户会以互联网作为首选媒体，超过80%的中国网络用户有过旅游的经验，加之近几年携程、同程等旅游网络电商平台的搭建，让很多旅行社对网络营销异常青睐，销售人员通过网络为客人提供服务的工作内容也越来越多。网络销售就是旅行社通过互联网进行产品销售，实质就是以互联网为工具进行产品销售。

项目一　电话销售

项目介绍

无论是拼团的散客，还是自组包团的单位客户，他们在安排出游活动时，一般都会通过各种方式提出自己的出游需求并了解旅游线路和报价，在货比三家之后做出慎重选择。通过电话向门市询问有关旅游产品及其他旅游服务方面的问题，这是旅游者最常用、最简便的咨询方式。门市咨询人员与游客经过一定程度的互动沟通之后，予以针对性的产品推荐，促成游客前来门市进行现场咨询或购买产品。

学习目标

➢ 1. 知识目标
(1) 掌握电话销售岗位的工作内容和工作特点；
(2) 熟悉接待人员需要具备的基本素质。
➢ 2. 能力目标
(1) 能通过电话与消费者实现有效沟通；
(2) 能熟练运用电话咨询沟通技巧。
➢ 3. 素质目标
(1) 懂得倾听客户的需求；
(2) 懂得沟通并学会为他人着想；
(3) 具有良好的语言、文字表达能力和沟通能力，言谈举止得体。

学时安排

2 学时

工作情景描述

"丁零零……"有客人打来电话。客人的电话咨询内容有时五花八门，有时奇问百出，作为旅行社重要的对外推介窗口，如何通过电话沟通将潜在的消费者转化为实际的消费者，则成为体现员工工作能力和业绩的重要环节。那么，你准备怎样接听客人的电话呢？

工作任务一　　上岗前的准备

【任务目标】

1. 熟悉旅行社的线路；
2. 熟悉服务礼仪和行业规范；
3. 做好通话前的准备工作。

【实施条件】

实训室，配有固定电话、打印机和传真机等。

【实施过程】

环节	操作及说明	注意事项及要求
环节一	自身准备：保持积极的心态，高度的热情和充足的自信	每名同学根据要求做好准备，然后小组内部进行互相点评纠错
环节二	知识准备：熟悉当季旅游产品，包括短途、长途、境内、境外	
环节三	物质准备：将电话机放置在方便自己接听及进行相关操作的位置上。在电话机旁准备一些必备用品（记录本、便签、水笔、计算器、客户资料等）以备记录	
环节四	仪容仪表准备：着衬衫、西裤、皮鞋，女生佩戴领结或者丝巾，男生佩戴领带。发型整洁、干净，不遮挡脸部，女生可适当化淡妆。坐满椅子的2/3，腰背挺直，小腿自然下垂，与地面垂直	

【知识链接】

请扫码阅读知识链接。

旅行社门市销售

工作任务二　提供咨询服务

【任务目标】

1. 通过电话的方式实现有效沟通；
2. 推介旅游产品；
3. 具有诚信服务、用户至上的意识。

【实施条件】

实训室，配有固定电话、打印机和传真机等。

【实施过程】

环节	操作及说明	注意事项及要求
环节一	电话铃声响三声之后用左手拿起电话，右手准备记录。开口报出旅行社名称，并问候。"您好，××旅行社，有什么可以帮到您的？"	小组成员以角色扮演的方式进行，两两一组分别扮演工作人员和顾客，小组内部进行互相点评纠错，之后进行角色互换
环节二	询问客人要求，着重放在旅游的几个要素上，例如出游的大致方向、时间、人数、期望价格等。接听电话过程中应采用愉快、自然的声音，注意音量适中、语速适宜、发音清楚、语调优美、态度和蔼、反应迅速	
环节三	根据对方给出的信息进行判断，给出符合要求的回答，并将本社有关的优惠促销等相关信息及时传递给对方。在客人讲完之前不要打断也不可妄下结论，对于不清楚的内容要复述客人的话，以免搞错	
环节四	结束通话，询问消费者"还有什么可以帮助您的吗？"并表示感谢。表达欢迎游客前来门市进行现场咨询或购买产品。等对方挂断电话后再挂断电话。若客人同意，也可加客人的微信，以便后期及时发送优惠信息，帮助游客及时下定决心	

【知识链接】

请扫码阅读知识链接。

电话销售服务流程

工作任务三 通话结束后的跟踪服务

【任务目标】

1. 做好通话结束后的服务跟进；
2. 记录整理客户信息；
3. 具有沟通协作、自我总结的意识。

【实施条件】

实训室，配有固定电话、打印机和传真机等。

【实施过程】

环节	操作及说明	注意事项及要求
环节一	记录信息：包括来电时间、来电者、问题、关键内容，这些内容可供日后与客人进行再次联系，并为签约等提供帮助。填写电话咨询记录单（表单3-1）	1. 小组成员每名同学均填写电话记录单，之后互相纠错并讨论填写的准确性。 2. 小组成员以角色扮演的方式进行跟进服务模拟，两两一组分别扮演工作人员和顾客，小组内部进行互相点评纠错，之后进行角色互换
环节二	后续跟进服务：过一段时间回电给游客，或通过其他方式说明相关产品的最新消息，并可预约上门详谈的具体细节	

课堂笔记：

工作任务四　成果汇报与考核评价

【任务目标】

1. 进行成果汇报，掌握成果汇报展示的方法并进行训练；
2. 评价各组的工作情况；
3. 评价过程中培养诚实守信、求真务实、自我总结的精神。

【实施条件】

实训室，配多媒体设备。

【实施过程】

环节	操作及说明	注意事项及要求
环节一	以小组为单位模拟展示电话服务的全过程，组与组之间提出问题、交流、师生互动，每组限定时间。汇报要点如下： （1）流程完整； （2）服务礼仪标准； （3）产品推荐合理； （4）跟进服务具有成效	汇报过程中小组之间注意发现问题，并及时提出问题，之后大家共同讨论解决问题
环节二	学生自评、互评、小组组长点评各个组员的工作成效	
环节三	指导教师给各组评分，并进行有针对性的点评，汇总各组成果。引导学生总结电话销售需要具备的基本服务礼仪和职业规范，培养学生诚信服务、游客至上的服务意识	

课堂笔记：

【考核评价】   表 3-1-1 学生自评表

考核项目：电话销售			班级：	姓名：
小组名称：			小组组长：	
小组成员：				
过程评价	完成时间		提前完成	
			准时完成	
			超时完成	
	完成质量		优秀	
			良好	
			有待改进	
结果评价	评价标准		分值	得分
	运用多种渠道主动学习相关知识、获取能力		10	
	运用多种方式搜集资讯		10	
	计划制订合理、可行		10	
	服务准备工作完善		10	
	掌握服务环节的要点		20	
	能独立完成电话接待服务		20	
	客户信息记录完整		10	
	团队合作		10	
总分				
学习收获：				

表 3-1-2 小组互评表

考核项目：电话销售		满分	得分
成果展示	是否全面地进行了信息的收集	20	
	是否在规定时间内完成了所要求的全部工作内容	20	
	电话服务展示流畅，仪容仪表、语言表达符合服务礼仪规范	40	
	团队协作	10	
	回答问题	10	
	总分	100	

表 3-1-3　教师评价表

考核项目：电话销售	班级：		姓名：	
小组名称：		小组组长：		
小组成员：				
评价标准		权数	检查情况	得分
1. 资讯				
（1）能正确理解任务的要求和目标		0.2		
（2）能合理运用多种方式搜集资讯		0.2		
（3）能自主获得与任务有关的新知识		0.3		
2. 计划和决策				
（1）是否参与了计划的制订		0.2		
（2）能否主动寻找解决问题的办法		0.3		
（3）制订的实施计划是否合理、可行		0.2		
3. 实施				
（1）上岗前的准备	全面认真	0.5		
	仪容仪表得体	0.5		
（2）提供咨询服务	熟悉旅游产品内容	1		
	推荐合理	0.5		
（3）跟踪服务	时机恰当	0.5		
	结果有效	1		
（4）服务展示	流畅完整	2		
	礼仪规范	2		
4. 检查与评价				
（1）准确实施了行动计划		0.2		
（2）成果展示的缺陷和改进措施		0.2		
（3）自我评价是否客观恰当		0.2		
总分				

拓展阅读

电话礼仪

电话是被现代人公认的便利的通信工具。在日常工作中，使用电话的语言很关键，它直接影响一个公司的声誉；在日常生活中，人们通过电话也能粗略判断对方的人品、性格。因而，掌握正确的、礼貌待人的打电话方法是非常必要的。

1. 重要的第一声

如果客户一接通电话，就能听到亲切、优美的招呼声，心里一定会很愉快，不仅有利于对话的顺利展开，又会对旅行社留有较好的印象。同样说："你好，这里是××旅行社。"但声音清晰、悦耳、吐字清脆，给对方留下良好的印象，对方对其所在旅行社也会有良好印象。因此要记住，接电话时，应有"代表旅行社形象"的意识。

2. 要有喜悦的心情

打电话时要保持良好的心情，这样即使对方看不见你，你欢快的语调也会感染对方，给对方留下极佳的印象。由于面部表情会影响声音的变化，所以即使在电话中，也要抱着"对方看着"的心态去工作。

3. 清晰明朗的声音

打电话过程中绝对不能吸烟、喝茶、吃零食，即使是懒散的姿势对方也能够"听"得出来。如果你打电话的时候，躺在椅子上，对方听你的声音就是懒散的，无精打采的，若坐姿端正，所发出的声音也会亲切悦耳，充满活力。因此打电话时，即使看不见对方，也要当作对方就在眼前，尽可能注意自己的姿势。

4. 迅速准确地接听

听到电话铃声，应准确迅速地拿起听筒，最好在三声之内接听，若长时间无人接电话，或让对方久等是很不礼貌的。但是，由于旅行社前台工作人员往往业务繁忙，如果电话铃响了五声才拿起话筒，应该先向对方道歉："不好意思，让您久等了。"

5. 认真清楚地记录

接电话时通常用左手接听，右手便于随时记录有用信息，电话记录既要简洁又要完备，这些资料在工作中都是十分重要的。

6. 挂电话前的礼貌

要结束电话交谈时，一般应当由打电话的一方提出，然后彼此客气地道别，说一声"再见"，再挂电话，不可只管自己讲完就挂断电话。

项目二 门市销售

项目介绍

在消费者正式成为旅行社的实际消费者之前,旅行社的接待工作一般由旅行社门市部的接待服务人员担任,其岗位职责主要包括为旅游者提供咨询、介绍旅行社的产品、办理各种销售业务和处理相关文件等。旅行社给旅游者的第一印象是通过门市工作人员的言行举止传递出去的,因此,在门市部门工作,需要注意个人形象,懂得沟通技巧,给人留下专业、干练、值得信任的印象。

学习目标

➤ 1. 知识目标
(1) 学会现场咨询的操作步骤;
(2) 掌握迎接客人所需体现的礼仪要求;
(3) 知道旅游产品的组成;
(4) 了解旅游合同的内容。

➤ 2. 能力目标
(1) 能用规范的咨询方式了解客人需求;
(2) 能简洁明了地介绍旅游产品;
(3) 能办理相关业务手续。

➤ 3. 素质目标
(1) 懂得倾听客户的需求;
(2) 懂得沟通并学会为人着想;
(3) 具有良好的语言、文字表达能力和沟通能力,言谈举止得体。

学时安排

4 学时

工作情景描述

你已经在门口的迎客岗位实习了两周,渐渐学会了对每位客人"察言观色"。从这周开始,你开始在咨询岗位实习。这天上午,当你正在计算机前熟悉公司的产品线路,一位女士推门进来,女士提出想利用假期带家人外出旅游,尚未确定具体的目的地。你应该怎样为游客提供服务呢?

工作任务一　上岗前的准备

【任务目标】

1. 熟悉旅行社的线路；
2. 做好上岗前的准备工作；
3. 熟悉服务礼仪和行业规范。

【实施条件】

实训室，配有固定电话、打印机和传真机等。

【实施过程】

环节	操作及说明	注意事项及要求
环节一	仪容仪表检查：着衬衫、西裤、皮鞋，女生佩戴领结或者丝巾，男生佩戴领带。发型整洁、干净，不遮挡脸部，女生可适当化淡妆	每名同学根据要求做好准备，然后小组内部进行互相点评纠错
环节二	知识准备：熟悉当季旅游产品，包括短途、长途、境内、境外	
环节三	工作环境布置检查：连接网络的计算机，必要的记录本、便签、水笔、计算器、连接到计算机的打印机、传真机等	
环节四	旅游产品资料准备：准备展示架，在门市明显部位放置本社的旅游产品宣传资料，数量充足以备客人索取。将主推的产品放置在最容易看到的位置，引导客人第一眼看到	

课堂笔记：

工作任务二　提供咨询服务

【任务目标】

1. 通过面对面的方式实现有效沟通；
2. 推介旅游产品；
3. 培养诚信服务、用户至上的意识。

【实施条件】

实训室，配有固定电话、打印机和传真机等。

【实施过程】

环节	操作及说明	注意事项及要求
环节一	对于进店的游客表示欢迎，主动问候，"您好，请问有什么需要帮助您的？"站立时，两脚脚跟并拢，两腿两膝并严，女生高丁字步站立，男生脚尖分开站立。腰背挺直，双手握放于腹部或身体两侧	小组成员以角色扮演的方式进行，两两一组分别扮演工作人员和顾客，小组内部进行互相点评纠错，之后进行角色互换
环节二	引领客人落座。引领时，站于游客的侧前方。引领时手臂带动小臂向前抬起，指示前进方向	
环节三	递送茶水，一手握茶把儿一手托杯底，并说声"您好，请喝茶（水）"，如果茶水较烫，可将茶杯放到客人面前的茶几上	
环节四	询问客人要求，着重放在旅游的几个要素上，例如出游的大致方向、时间、人数、期望价格等	
环节五	询问结束后，拿出与游客需求符合度最高的产品，通常提供3～5份，并向游客介绍不同线路产品之间的差别。递送资料时，双手递上，正面朝上，并说声"您好，这是最新的资料"	

【知识链接】

请扫码阅读知识链接。

门市销售服务流程

工作任务三　协助客人办理手续

【任务目标】

1. 协助客人签订合同；
2. 告别客人；
3. 培养诚信服务、用户至上的意识。

【实施条件】

实训室，配有固定电话、打印机和传真机等。

【实施过程】

环节	操作及说明	注意事项及要求
环节一	游客做出购买决定后，再次确认游客的旅游产品	1. 小组成员以角色扮演的方式进行，两两一组分别扮演工作人员和顾客，小组内部进行互相点评纠错，之后进行角色互换。 2. 模拟工作人员指导顾客填写合同，之后小组成员互相纠错并讨论填写的准确性
环节二	向游客解释合同相关条款，协助游客完整、准确、清晰填写合同（表单3-2）内相关条款	
环节三	再次核查合同文本、行程单和补充条款，确认无误后双方签名	
环节四	收取费用，并为客人开具发票。收取费用时做到"三唱一复"，即"唱价"（确认所购产品价格），"唱收"（确认所收金额），"唱付"（找回余额），"一复"（确认产品与收进费用相符）	
环节五	将开好的发票交到客人手中，向客人表示感谢，肯定客人的选择，请其对该项旅游产品的质量和旅行社的服务放心	
环节六	告别游客，目送客人上车或走出视线再回到工作岗位	
环节七	归档旅游合同及相关附件，并移交计调	

课堂笔记：

工作任务四　成果汇报与考核评价

【任务目标】

1. 进行成果汇报，掌握成果汇报展示的方法并进行训练；
2. 评价各组的工作情况；
3. 评价过程中具有诚实守信、求真务实、自我总结的精神。

【实施条件】

实训室，配备多媒体设备。

【实施过程】

环节	操作及说明	注意事项及要求
环节一	以小组为单位模拟展示面对面服务的全过程，组与组之间提出问题、交流、师生互动，每组限定时间。汇报要点如下： （1）流程完整； （2）服务礼仪标准； （3）产品推荐合理； （4）合同填写正确	汇报过程中小组之间注意发现问题，并及时提出问题，之后大家共同讨论解决问题
环节二	学生自评、互评、小组组长点评各个组员的工作成效	
环节三	指导教师给各组评分，并进行有针对性的点评，汇总各组成果。引导学生总结门市销售需要的基本服务礼仪和职业素养，培养学生微笑服务、游客至上的服务意识	

课堂笔记：

_____
_____
_____
_____
_____
_____
_____

【考核评价】

表 3-2-1　学生自评表

考核项目：门市销售			班级：		姓名：	
小组名称：				小组组长：		
小组成员：						
过程评价		完成时间		提前完成		
				准时完成		
				超时完成		
		完成质量		优秀		
				良好		
				有待改进		
结果评价		评价标准		分值		得分
		运用多种渠道主动学习相关知识、提升能力		10		
		运用多种方式搜集资讯		10		
		计划制订合理、可行		10		
		服务准备工作完善		10		
		掌握服务环节的要点		20		
		能独立完成接待服务		20		
		能指导客户填写合同		10		
		团队合作情况		10		
总分						
学习收获：						

表 3-2-2　小组互评表

考核项目：门市销售		满分	得分
成果展示	是否全面地进行了信息的收集	20	
	是否在规定时间内完成了所要求的全部工作内容	20	
	面对面服务展示流畅，仪容仪表、语言表达符合服务礼仪规范	20	
	指导游客正确填写合同信息	10	
	团队协作	10	
	回答问题	20	
	总分	100	

表 3-2-3　教师评价表

考核项目：门市销售		班级：	姓名：
小组名称：		小组组长：	
小组成员：			
评价标准		权数	检查情况	得分

评价标准		权数	检查情况	得分
1. 资讯				
（1）能正确理解任务的要求和目标		0.2		
（2）能合理运用多种方式搜集资讯		0.2		
（3）能自主获得与任务有关的新知识		0.3		
2. 计划和决策				
（1）是否参与了计划的制订		0.2		
（2）能否主动寻找解决问题的办法		0.3		
（3）制订的实施计划是否合理、可行		0.2		
3. 实施				
（1）上岗前的准备	全面认真	0.5		
	仪容仪表得体	0.5		
（2）提供咨询服务	熟悉旅游产品内容	1		
	推荐合理，时机恰当	0.5		
（3）协助客人办理手续	流程合理	0.5		
	填写信息准确	1		
（4）服务展示	流畅完整	2		
	礼仪规范	2		
权数（0.2）				
（1）准确实施了行动计划		0.2		
（2）成果展示的缺陷和改进措施		0.2		
（3）自我评价是否客观恰当		0.2		
总分				

拓展阅读

简单的笑容会给你带来不简单的吸引力

苏东坡曾在杭州任刺史。据说有一天晚上，他穿着便服到街上体察民情。走着走着，忽然看见前面一个卖肉的熟食店门口排着很长的队，苏东坡也就排在了后面。

等轮到他买肉的时候，店主一眼就认出他来，赶紧跪下叩头："参见刺史大人。"这一声吓坏了没见过世面的小伙计，他一紧张，切肉的刀剁在一块骨头上，那骨头恰巧又弹起一块熟肉，正好贴在苏东坡的脸上。伙计顿时目瞪口呆，不知如何是好。

苏东坡从脸上取下熟肉，直接送入口中，细细一品，脸上露出了笑容："小二想先让我品尝一下，味道果然不错。"苏东坡的笑容不仅让大家紧张的神经松弛下来，而且拉近了官民距离，在百姓心中树立了仁慈宽厚、爱民如子的形象。

　　初次相见，流动在人们之间的是一种陌生的气息，这种气息让人尴尬，让人窒息，它给人们的交往带来障碍，它拉长了人们之间的距离。如何才能让这种气息消散？微笑是最好的融合剂。微笑的力量是无穷的，当真诚的笑容浮现脸庞的时候，它所散发出来的气息会感染在场的每一个人，瞬间就能赶走陌生的气息，让一种暖暖的感觉在心头荡漾。微笑能使紧张的神经松弛，微笑能消除彼此的戒备心和陌生感，微笑能瞬间拉近人与人之间的距离。在人际交往中，微笑是永远都不会过期的通行证，没有什么东西能比一个阳光灿烂的微笑更能打动人了。所以，初次与人见面并不一定需要动听的语言，但要有动人的微笑。它虽然无声无息，却具备一种强大的感染力，感受到这种微笑的人会不由自主地被打动。

项目三　网络销售

项目介绍

现如今随着科技的发展，促销的阵地逐渐转向互联网，发送传单、寄送资料等已经渐渐淡出人们的视线。常见的新产品告知方式主要有互联网网页广告、微信公众号推送等。旅行社通过网上促销不仅实现了旅行社同旅游者双向信息交流，而且可以通过互联网技术同旅游者进行交流，潜移默化地把旅游信息传输到消费群体，它具有效率高、人情味浓、成本低的特点。随着信息技术的发展，一部手机即可以完成在线支付和签署电子合同，实现了沟通的及时性和销售的快捷性。

学习目标

➢ 1．知识目标
（1）对旅行社产品在互联网时代的网络销售有全面的了解；
（2）掌握旅行社产品网络销售的基本技巧。
➢ 2．能力目标
（1）能撰写并发布促销文案；
（2）能运用网络工具推进旅游产品销售；
（3）能办理相关业务手续。
➢ 3．素质目标
（1）懂得倾听客户的需求；
（2）懂得沟通并学会为人着想；
（3）具有良好的语言、文字表达能力和沟通能力，言谈举止得体。

学时安排

4学时

工作情景描述

你所在的旅行社最近设计了一款"海南双飞六日游"的旅游线路，为了迎接"十一黄金周"的旅游旺季，推进产品的销售，网络手段必不可少，你能否为这款产品策划相应的网络营销方案？

工作任务一　旅游产品营销策划

【任务目标】

1. 撰写网络营销方案；
2. 策划旅游线路营销方案；
3. 培养辩证思考、创新思维的能力；
4. 培养良好的语言、文字表达能力。

【实施条件】

实训室，每名学生配备一台连接互联网的计算机。

【实施过程】

环节	操作及说明	注意事项及要求
环节一	包装产品名称，增加产品卖点，给整条线路一个明确的定位和概括性的说明。仔细阅读行程，抓住突出要点，撰写广告词	1. 小组同学头脑风暴，反复推敲广告词，论证之后确定。 2. 小组成员分别阐述自己选择广告投放媒体的理由，综合讨论之后确定
环节二	进行版面设计，插入图片，突出线路特色，增强视觉吸引力	
环节三	查阅资料，实地调研，对比不同网络媒体的优缺点，填写网络广告投放调查分析表（表单3-3），选择合适的广告投放方式并说明理由	
环节四	将确定好的广告词和修饰好的旅游线路投放在合适的媒体上	

课堂笔记：

工作任务二　提供咨询服务

【任务目标】

1. 通过网络的方式实现有效沟通；
2. 推介旅游产品；
3. 培养诚信服务、用户至上的意识。

【实施条件】

实训室，每名学生配备一台连接互联网的计算机。

【实施过程】

环节	操作及说明	注意事项及要求
环节一	收到咨询信息之后问候客人，"您好！欢迎光临××旅行社，我是客服××，很高兴为您服务，有什么可以帮您的吗？"	小组成员以角色扮演的方式进行，两两一组分别扮演工作人员和顾客，小组内部进行互相点评纠错，之后进行角色互换
环节二	询问客人要求，着重放在旅游的几个要素上，例如出游的大致方向、时间、人数、期望价格等	
环节三	根据对方给出的信息进行判断，给出符合要求的回答，并将本社有关的优惠促销等相关信息及时传递给对方	

课堂笔记：

工作任务三　协助客人办理手续

【任务目标】

1. 协助客人签订合同；
2. 告别客人；
3. 培养诚信服务、用户至上的意识。

【实施条件】

实训室，每名学生配备一台连接互联网的计算机。

【实施过程】

环节	操作及说明	注意事项及要求
环节一	游客做出购买决定后，再次核对游客的旅游产品，询问游客购买和付款方式	小组成员以角色扮演的方式进行，两两一组分别扮演工作人员和顾客，小组内部进行互相点评纠错，之后进行角色互换
环节二	针对线上购买的游客，向其解释合同相关条款，协助游客完整、准确、清晰填写电子合同内相关条款	
环节三	收取费用，并为客人开具发票，将开好的发票电子版传给客人	
环节四	结束对话，询问消费者"还有什么可以帮助您的吗？"表示感谢，肯定客人的选择，请其对该项旅游产品的质量和旅行社的服务放心	
环节五	归档旅游合同及相关附件，并移交计调	

课堂笔记：

工作任务四　成果汇报与考核评价

【任务目标】

1. 进行成果汇报，掌握成果汇报展示的方法并进行训练；
2. 评价各组的工作情况；
3. 评价过程中具有诚实守信、求真务实、自我总结的精神。

【实施条件】

实训室，配备多媒体设备。

【实施过程】

环节	操作及说明	注意事项及要求
环节一	以组为单位交流营销策划及网上销售成果，组与组之间提出问题，交流，师生互动。要求PPT展示，每组限定时间。汇报要点所示： （1）广告创意； （2）广告投放； （3）网络销售过程	汇报过程中小组之间注意发现问题，并及时提出问题，之后大家共同讨论解决问题
环节二	学生自评、互评、小组组长点评各个组员的工作成效	
环节三	指导教师给各组评分，并进行有针对性的点评，汇总各组成果。引导学生养成诚信服务、游客至上的服务意识	

课堂笔记：

【考核评价】

表 3-3-1　学生自评表

考核项目：网络销售			班级：		姓名：	
小组名称：			小组组长：			
小组成员：						
过程评价		完成时间		提前完成		
				准时完成		
				超时完成		
		完成质量		优秀		
				良好		
				有待改进		
结果评价		评价标准		分值		得分
		运用多种渠道主动学习相关知识、提升能力		10		
		运用多种方式搜集资讯		10		
		计划制订合理、可行		10		
		广告撰写是否吸引其他同学		15		
		广告投放渠道合理		15		
		能独立完成网络接待服务		15		
		能协助客户填写信息，签订合同		15		
		团队合作		10		
总分						
学习收获：						

表 3-3-2　小组互评表

考核项目：网络销售		满分	得分
成果展示	是否全面地进行了信息的收集	10	
	是否在规定时间内完成了所要求的全部工作内容	10	
	电话服务展示流畅，仪容仪表、语言表达符合服务礼仪规范	20	
	广告策划	20	
	广告投放	20	
	团队协作	10	
	回答问题	10	
	总分	100	

表 3-3-3　教师评价表

考核项目：网络销售		班级：		姓名：	
小组名称：			小组组长：		
小组成员：					
评价标准		权数	检查情况		得分
1. 资讯					
（1）能正确理解任务的要求和目标		0.2			
（2）能合理运用多种方式搜集资讯		0.2			
（3）能自主获得与任务有关的新知识		0.3			
2. 计划和决策					
（1）是否参与了计划的制订		0.2			
（2）能否主动寻找解决问题的办法		0.3			
（3）制订的实施计划是否合理、可行		0.2			
3. 实施					
（1）旅游产品营销策划	有吸引力	1.5			
	投放媒体合适	1			
（2）提供咨询服务	熟悉旅游产品内容	1			
	推荐合理	0.5			
（3）协助客人办理手续	向客人合理解释	0.5			
	填写正确	0.5			
（4）服务展示	流畅完整	2			
	礼仪规范	1			
4. 检查与评价					
（1）准确实施了行动计划		0.2			
（2）成果展示的缺陷和改进措施		0.2			
（3）自我评价是否客观恰当		0.2			
总分					

拓展阅读

诚信价值观在网络时代的意义

21世纪的世界关注中国的经济，更关注中国的电子商务。中国社会要以创新的精神，让诚信的阳光照亮中国电子商务发展的道路。合力打造诚信网络购物，是艰巨的使命，也是更大发展的契机。因为诚信是道坎，网络购物跨过这道坎，未来必定是光明的。

网络购物成为现代都市生活中司空见惯的现象。人们享受着互联网发展带来的购物便利，但也深深地企盼有一个良好的网络购物环境，不要为网络上的"伪劣假冒"商品而烦恼。打造诚信网络购物环境是人心所向，也是网络购物健康发展的基础。

诚信是"帝王法则"，维系着社会生活的正常运转和人与人之间的和谐。在互联网日益发达的今天，我们从"熟人社会"走向了"陌生人社会"。那种面对面的商品交换模式受到了猛烈的冲击。足不出户就能通过网上冲浪，买到自己心仪的商品，这开创了商业模式的一个新时代。国外有句名言，"在网上，没有人知道你是一条狗"。商家和消费者在网上谈判、交易，不直接照面，诚信就成为突出的问题，并对诚信建设提出了更高的要求。

尽管有些经济主体可以在网上一次交易中通过欺诈获利，但从长期来看，这种欺诈往往是得不偿失的。正如亚当·斯密所说，一个懂得自己真正利益所在的人，"不盼望从一件交易契约来图非分的利得，宁可在各次交易中诚实守约"。"诚实是最好的策略"，应该成为商家的座右铭。当然，打造网络购物诚信还需要方方面面的努力，才能真正获得实效。

打造诚信网络购物需要法律规范，也需要道德自律。成千上万的商家在网络交易中获得了丰厚的经济效益，他们用自己的智慧和勤劳打开了创业的天地，但其中也有一些无良商家昧着良心卖假货，欺骗消费者，激起了社会极大的义愤。消费者在网络购物中处于弱势地位，要鼓励消费者依法依规维权，但同时也要提醒消费者建立正确的消费伦理观念。消费者对低价的过度追求会产生"价格倒逼"机制，不利于网络购物的诚信建设。

资料来源：周中之. 诚信价值观在网络时代的意义. 新民晚报［N］，2015-02-14.

学生任务单

表单 3-1

门市工作人员电话咨询记录单

时间		姓名	
旅游方向		预算	
人数		个人或单位	
备注			

记录人：
审核人：

表单 3-2

团队境内旅游合同

合同编号：_____
旅游者：_____等_____人（名单可附页，需旅行社和旅游者代表签字盖章确认）；
旅行社：_____；
旅行社业务经营许可证编号：_____。

第一章 术语和定义

第一条 本合同术语和定义

1. 团队境内旅游服务，指旅行社依据《中华人民共和国旅游法》《旅行社条例》等法律、法规，组织旅游者在中华人民共和国境内（不含香港、澳门、台湾地区）旅游，代订公共交通客票，提供餐饮、住宿、游览等两项以上服务活动。

2. 旅游费用，指旅游者支付给旅行社，用于购买本合同约定的旅游服务的费用。

旅游费用包括：
（1）交通费；
（2）住宿费；
（3）餐费（不含酒水费）；
（4）旅行社统一安排的景区景点门票费；
（5）行程中安排的其他项目费用；
（6）导游服务费；
（7）旅行社（含地接社）的其他服务费用。

旅游费用不包括：
（1）旅游者投保的人身意外伤害保险费用；
（2）合同未约定由旅行社支付的费用，包括但不限于行程以外非合同约定活动项目所需的费用、自行安排活动期间发生的费用；
（3）行程中发生的旅游者个人费用，包括但不限于交通工具上的非免费餐饮费、行李超重费，住宿期间的洗衣、电话、饮料及酒类费，个人娱乐费用，个人伤病医疗费，寻找个人遗失物品的费用及报酬，个人原因造成的赔偿费用。

3. 履行辅助人，指与旅行社存在合同关系，协助其履行本合同义务，实际提供相关服务的法人、自然人或者其他组织。

4. 自由活动，特指《旅游行程单》中安排的自由活动。

5. 自行安排活动期间，指《旅游行程单》中安排的自由活动期间、旅游者不参加旅游行程活动期间、每日行程开始前、结束后旅游者离开住宿设施的个人活动期间、旅游者经导游同意暂时离团的个人活动期间。

6. 不合理的低价，指旅行社提供服务的价格低于接待和服务费用或者低于行业公认的合理价格，且无正当理由和充分证据证明该价格的合理性。其中，接待和服务费用主要包括旅行社提供或者采购餐饮、住宿、交通、游览、导游等服务所支出的费用。

7. 具体购物场所，指购物场所有独立的商号以及相对清晰、封闭、独立的经营边界和明确的经营主体，包括免税店、大型购物商场、前店后厂的购物场所、景区内购物场所、景区周边或者通往景区途中的购物场所，服务旅游团队的专门商店，商品批发市场和与餐饮、娱乐、停车休息等相关联的购物场所等。

8. 旅游者投保的人身意外伤害保险，指旅游者自己购买或者通过旅行社、航空机票代理点、景区等保险代理机构购买的以旅行期间自身的生命、身体或者有关利益为保险标的的短期保险，包括但不限于航空意外险、旅游意外险、紧急救援保险、特殊项目意外险。

9. 离团，指团队旅游者经导游同意不随团队完成约定行程的行为。

10. 脱团，指团队旅游者未经导游同意脱离旅游团队，不随团队完成约定行程的行为。

11. 转团，指由于未达到约定成团人数不能出团，旅行社征得旅游者书面同意，在行程开始前将旅游者转至其他旅行社所组的境内旅游团队履行合同的行为。

12. 拼团，指旅行社在保证所承诺的服务内容和标准不变的前提下，在签订合同时经旅游者同意，与其他旅行社招徕的旅游者拼成一个团，统一安排旅游服务的行为。

13. 不可抗力，指不能预见、不能避免且不能克服的客观情况，包括但不限于因自然原因和社会原因引起的，如自然灾害、战争、恐怖活动、动乱、骚乱、罢工、突发公共卫生事件、政府行为。

14. 已尽合理注意义务仍不能避免的事件，指因当事人故意或者过失以外的客观因素引发的事件，包括但不限于重大礼宾活动导致的交通堵塞，飞机、火车、班轮、城际客运班车等公共客运交通工具延误或者取消，景点临时不开放。

15. 必要的费用，指旅行社履行合同已经发生的费用以及向地接社或者履行辅助人支付且不可退还的费用，包括乘坐飞机（车、船）等交通工具的费用（含预订金）、饭店住宿费用（含预订金）、旅游观光汽车的人均车租等。

16. 公共交通经营者，指航空、铁路、航运客轮、城市公交、地铁等公共交通工具经营者。

第二章 合同的订立

第二条 旅游行程单

旅行社应当提供带团号的《旅游行程单》（以下简称《行程单》），经双方签字或者盖章确认后作为本合同的组成部分。《行程单》应当对如下内容作出明确的说明：

1. 旅游行程的出发地、途经地、目的地、结束地、线路行程时间和具体安排（按自然日计算，含乘飞机、车、船等在途时间，不足24小时以一日计）；

2. 地接社的名称、地址、联系人和联系电话；

3. 交通服务安排及其标准（明确交通工具及档次等级、出发时间以及是否需中转等信息）；

4. 住宿服务安排及其标准（明确住宿饭店的名称、地点、星级，非星级饭店应当注明是否有空调、热水、独立卫生间等相关服务设施）；

5. 用餐（早餐和正餐）服务安排及其标准（明确用餐次数、地点、标准）；

6. 旅行社统一安排的游览项目的具体内容及时间（明确旅游线路内容包括景区点及游览项目名称等，景区点停留的最少时间）；

7. 自由活动的时间；

8. 行程安排的娱乐活动（明确娱乐活动的时间、地点和项目内容）；

《行程单》用语须准确清晰，在表明服务标准用语中不应当出现"准×星级""豪华""仅供参考""以××为准""与××同级"等不确定用语。

第三条 订立合同

旅游者应当认真阅读本合同条款、《行程单》，在旅游者理解本合同条款及有关附件后，旅行社和旅游者应当签订书面合同。

由旅游者的代理人订立合同的，代理人需要出具被代理的旅游者的授权委托书。

第四条 旅游广告及宣传品

旅行社的旅游广告及宣传品应当遵循诚实信用的原则，其内容符合《中华人民共和国合同法》要约规定的，视为本合同的组成部分，对旅行社和旅游者双方具有约束力。

第三章 合同双方的权利义务

第五条 旅行社的权利

1. 根据旅游者的身体健康状况及相关条件决定是否接纳旅游者报名参团；

2. 核实旅游者提供的相关信息资料；

3. 按照合同约定向旅游者收取全额旅游费用；

4. 旅游团队遇紧急情况时，可以采取安全防范措施和紧急避险措施并要求旅游者配合；

5. 拒绝旅游者提出的超出合同约定的不合理要求；

6. 要求旅游者对在旅游活动中或者在解决纠纷时损害旅行社合法权益的行为承担赔偿责任；

7. 要求旅游者健康、文明旅游，劝阻旅游者违法和违反社会公德的行为。

第六条　旅行社的义务

1. 按照合同和《行程单》约定的内容和标准为旅游者提供服务，不擅自变更旅游行程安排；

2. 向合格的供应商订购产品和服务；

3. 不以不合理的低价组织旅游活动，诱骗旅游者，并通过安排购物或者另行付费旅游项目获取回扣等不正当利益；

组织、接待旅游者，不指定具体购物场所，不安排另行付费旅游项目，但是，经双方协商一致或者旅游者要求，且不影响其他旅游者行程安排的除外；

4. 在出团前如实告知具体行程安排和有关具体事项，具体事项包括但不限于所到旅游目的地的重要规定、风俗习惯；旅游活动中的安全注意事项和安全避险措施、旅游者不适合参加旅游活动的情形；旅行社依法可以减免责任的信息；应急联络方式以及法律、法规规定的其他应当告知的事项；

5. 按照合同约定，为旅游团队安排符合《中华人民共和国旅游法》《导游人员管理条例》规定的持证导游人员；

6. 妥善保管旅游者交其代管的证件、行李等物品；

7. 为旅游者发放用固定格式书写、由旅游者填写的安全信息卡（包括旅游者的姓名、血型、应急联络方式等）；

8. 旅游者人身、财产权益受到损害时，应当采取合理必要的保护和救助措施，避免旅游者人身、财产权益损失扩大；

9. 积极协调处理旅游行程中的纠纷，采取适当措施防止损失扩大；

10. 提示旅游者投保人身意外伤害保险；

11. 向旅游者提供发票；

12. 依法对旅游者个人信息保密；

13. 旅游行程中解除合同的，旅行社应当协助旅游者返回出发地或者旅游者指定的合理地点。

第七条　旅游者的权利

1. 要求旅行社按照合同及《行程单》约定履行相关义务；

2. 拒绝未经事先协商一致的转团、拼团行为；

3. 有权自主选择旅游产品和服务，有权拒绝旅行社未与旅游者协商一致或者未经旅游者要求而指定购物场所、安排旅游者参加另行付费旅游项目的行为，有权拒绝旅行社的导游强迫或者变相强迫旅游者购物、参加另行付费旅游项目的行为；

4. 在支付旅游费用时要求旅行社出具发票；

5. 人格尊严、民族风俗习惯和宗教信仰得到尊重；

6. 在人身、财产安全遇有危险时，有权请求救助和保护；人身、财产受到损害的，有权依法获得赔偿；

7. 在合法权益受到损害时向有关部门投诉或者要求旅行社协助索赔；

8. 《中华人民共和国旅游法》《中华人民共和国消费者权益保护法》和有关法律、法规赋予旅游者的其他各项权利。

第八条　旅游者的义务

1. 如实填写《旅游报名表》、游客安全信息卡等各项内容，告知与旅游活动相关的个人健康信息，并对其真实性负责，保证所提供的联系方式准确无误且能及时联系；

2. 按照合同约定支付旅游费用；

3. 遵守法律法规和有关规定，不在旅游行程中从事违法活动，不参与色情、赌博和涉毒活动；

4. 遵守公共秩序和社会公德，尊重旅游目的地的风俗习惯、文化传统和宗教信仰，爱护旅游资源，保护生态环境，遵守《中国公民国内旅游文明行为公约》等文明行为规范；

5. 对国家应对重大突发事件暂时限制旅游活动的措施以及有关部门、机构或者旅游经营者采取的安全防范和应急处置措施予以配合；

6. 妥善保管自己的行李物品，随身携带现金、有价证券、贵重物品，不在行李中夹带；

7. 在旅游活动中或者在解决纠纷时，应采取措施防止损失扩大，不损害当地居民的合法权益；不干扰他人的旅游活动；不损害旅游经营者和旅游从业人员的合法权益，不采取拒绝上、下机（车、船）、拖延行程或者脱团等不当行为；

8. 自行安排活动期间，应当在自己能够控制风险的范围内选择活动项目，遵守旅游活动中的安全警示规定，并对自己的安全负责。

第四章　合同的变更与转让

第九条　合同的变更

1. 旅行社与旅游者双方协商一致，可以变更本合同约定的内容，但应当以书面形式由双方签字确认。由此增加的旅游费用及给对方造成的损失，由变更提出方承担；由此减少的旅游费用，旅行社应当退还旅游者。

2. 行程开始前遇到不可抗力或者旅行社、履行辅助人已尽合理注意义务仍不能避免的事件的，双方经协商可以取消行程或者延期出行。取消行程的，按照本合同第十四条处理；延期出行的，增加的费用由旅游者承担，减少的费用退还旅游者。

3. 行程中遇到不可抗力或者旅行社、履行辅助人已尽合理注意义务仍不能避免的事件，影响旅游行程的，按以下方式处理：

（1）合同不能完全履行的，旅行社经向旅游者做出说明，旅游者同意变更的，可以在合理范围内变更合同，因此增加的费用由旅游者承担，减少的费用退还旅游者。

（2）危及旅游者人身、财产安全的，旅行社应当采取相应的安全措施，因此支出的费用，由旅行社与旅游者分担。

（3）造成旅游者滞留的，旅行社应采取相应的安置措施。因此增加的食宿费用由旅游者承担，增加的返程费用双方分担。

第十条　合同的转让

旅游行程开始前，旅游者可以将本合同中自身的权利义务转让给第三人，旅行社没有正当理由的不得拒绝，并办理相关转让手续，因此增加的费用由旅游者和第三人承担。

正当理由包括但不限于：对应原报名者办理的相关服务不可转让给第三人；无法为第三人安排交通等情形的；旅游活动对于旅游者的身份、资格等有特殊要求的。

第十一条　不成团的安排

当旅行社组团未达到约定的成团人数不能成团时，旅游者可以与旅行社就如下安排在本合同第二十三条中做出约定。

1. 转团：旅行社可以在保证所承诺的服务内容和标准不降低的前提下，经事先征得旅游者书面同意，委托其他旅行社履行合同，并就受委托出团的旅行社违反本合同约定的行为先行承担责任，再行追偿。旅游者和受委托出团的旅行社另行签订合同的，本合同的权利义务终止。

2. 延期出团和改变线路出团：旅行社经旅游者书面同意，可以延期出团或者改变其他线路出团，因此增加的费用由旅游者承担，减少的费用旅行社予以退还。需要时可以重新签订旅游合同。

第五章　合同的解除

第十二条　旅行社解除合同

1. 未达到约定的成团人数不能成团时，旅行社解除合同的，应当采取书面等有效形式。旅行社在行程开始前 7 日（按照出发日减去解除合同通知到达日的自然日之差计算，下同）以上（含第 7 日，下同）提出解除合同的，不承担违约责任，旅行社向旅游者退还已收取的全部旅游费用；旅行社在行程开始前 7 日以内（不含第 7 日，下同）提出解除合同的，除向旅游者退还已收取的全部旅游费用外，还应当按本合同第十七条第 1 款的约定，承担相应的违约责任。

2. 旅游者有下列情形之一的，旅行社可以解除合同：
（1）患有传染病等疾病，可能危害其他旅游者健康和安全的；
（2）携带危害公共安全的物品且不同意交有关部门处理的；
（3）从事违法或者违反社会公德的活动的；
（4）从事严重影响其他旅游者权益的活动，且不听劝阻、不能制止的；
（5）法律、法规规定的其他情形。
旅行社因上述情形解除合同的，应当以书面等形式通知旅游者，按照本合同第十五条相关约定扣除必要的费用后，将余款退还旅游者。

第十三条　旅游者解除合同

1. 未达到约定的成团人数不能成团时，旅游者既不同意转团，也不同意延期出行或者改签其他线路出团的，旅行社应及时发出不能成团的书面通知，旅游者可以解除合同。旅游者在行程开始前 7 日以上收到旅行社不能成团通知的，旅行社不承担违约责任，向旅游者退还已收取的全部旅游费用；旅游者在行程开始前 7 日以内收到旅行社不能成团通知的，按照本合同第十七条第 1 款相关约定处理。

2. 除本条第 1 款约定外，在旅游行程结束前，旅游者亦可以书面等形式解除合同。旅游者在行程开始前 7 日以上提出解除合同的，旅行社应当向旅游者退还全部旅游费用；旅游者在行程开始前 7 日以内和行程中提出解除合同的，旅行社按照本合同第十五条相关约定扣除必要的费用后，将余款退还旅游者。

3. 旅游者未按约定时间到达约定集合出发地点，也未能在出发中途加入旅游团队的，视为旅游者解除合同，按照本合同第十五条相关约定处理。

第十四条　因不可抗力或者已尽合理注意义务仍不能避免的事件解除合同

因不可抗力或者旅行社、履行辅助人已尽合理注意义务仍不能避免的事件，影响旅游行程，合同不能继续履行的，旅行社和旅游者均可以解除合同；合同不能完全履行，旅游者不同意变更的，可以解除合同。合同解除的，旅行社应当在扣除已向地接社或者履行辅助人支付且不可退还的费用后，将余款退还旅游者。

第十五条　必要的费用扣除

1. 旅游者在行程开始前 7 日以内提出解除合同或者按照本合同第十二条第 2 款约定由旅行社在行程开始前解除合同的，按下列标准扣除必要的费用：

行程开始前 6 日至 4 日，按旅游费用总额的 20%；
行程开始前 3 日至 1 日，按旅游费用总额的 40%；
行程开始当日，按旅游费用总额的 60%。

2. 在行程中解除合同的，必要的费用扣除标准：

旅游费用×行程开始当日扣除比例＋（旅游费用－旅游费用×行程开始当日扣除比例）÷旅游天数×已经出游的天数。

如按上述第 1 款或者第 2 款约定比例扣除的必要的费用低于实际发生的费用，旅游者按照实际发生的费用支付，但最高额不应当超过旅游费用总额。

解除合同的，旅行社扣除必要的费用后，应当在解除合同通知到达日起 5 个工作日内为旅游者办结退款手续。

第十六条　旅行社协助旅游者返程及费用承担

旅游行程中解除合同的，旅行社应协助旅游者返回出发地或者旅游者指定的合理地点。因旅行社或者履行辅助人的原因导致合同解除的，返程费用由旅行社承担；行程中按照本合同第十二条第 2 款，第十三条第 2 款约定解除合同的，返程费用由旅游者承担；按照本合同第十四条约定解除合同的，返程费用由双方分担。

第六章　违约责任

第十七条　旅行社的违约责任

1. 旅行社在行程开始前 7 日以内提出解除合同的，或者旅游者在行程开始前 7 日以内收到旅行社不能成团通知，不同意转团、延期出行和改签线路解除合同的，旅行社向旅游者退还已收取的全部旅游费用，并按下列标准向旅游者支付违约金：

行程开始前 6 日至 4 日，支付旅游费用总额 10% 的违约金；

行程开始前 3 日至 1 日，支付旅游费用总额 15% 的违约金；

行程开始当日，支付旅游费用总额 20% 的违约金。

如按上述比例支付的违约金不足以赔偿旅游者的实际损失，旅行社应当按实际损失对旅游者予以赔偿。

旅行社应当在取消出团通知或者旅游者不同意不成团安排的解除合同通知到达日起 5 个工作日内，为旅游者办结退还全部旅游费用的手续并支付上述违约金。

2. 旅行社未按合同约定提供服务，或者未经旅游者同意调整旅游行程（本合同第九条第 3 款规定的情形除外），造成项目减少、旅游时间缩短或者标准降低的，应当依法承担继续履行、采取补救措施或者赔偿损失等违约责任。

3. 旅行社具备履行条件，经旅游者要求仍拒绝履行本合同义务的，旅行社向旅游者支付旅游费用总额 30% 的违约金，旅游者采取订同等级别的住宿、用餐、交通等补救措施的，费用由旅行社承担；造成旅游者人身损害、滞留等严重后果的，旅游者还可以要求旅行社支付旅游费用一倍以上三倍以下的赔偿金。

4. 未经旅游者同意，旅行社转团、拼团的，旅行社应向旅游者支付旅游费用总额 25% 的违约金；旅游者解除合同的，旅行社还应向未随团出行的旅游者退还全部旅游费用，向已随团出行的旅游者退还尚未发生的旅游费用。如违约金不足以赔偿旅游者的实际损失，旅行社应当按实际损失对旅游者予以赔偿。

5. 旅行社有以下情形之一的，旅游者有权在旅游行程结束后 30 日内，要求旅行社为其办理退货并先行垫付退货货款，或者退还另行付费旅游项目的费用：

（1）旅行社以不合理的低价组织旅游活动，诱骗旅游者，并通过安排购物或者另行付费旅游项目获取回扣等不正当利益的；

（2）未经双方协商一致或者未经旅游者要求，旅行社指定具体购物场所或者安排另行付费旅游项目的。

6. 与旅游者出现纠纷时，旅行社应当采取积极措施防止损失扩大，否则应当就扩大的损失承担责任。

第十八条　旅游者的违约责任

1. 旅游者因不听从旅行社及其导游的劝告、提示而影响团队行程，给旅行社造成损失的，应当承担相应的赔偿责任。

2. 旅游者超出本合同约定的内容进行个人活动所造成的损失，由其自行承担。

3. 由于旅游者的过错，使旅行社、履行辅助人、旅游从业人员或者其他旅游者遭受损害的，旅游者应当赔偿损失。

4. 旅游者在旅游活动中或者在解决纠纷时，应采取措施防止损失扩大，否则应当就扩大的损失承担相应的责任。

5. 旅游者违反安全警示规定，或者对国家应对重大突发事件暂时限制旅游活动的措施、安全防范和应急处置措施不予配合，造成旅行社损失的，应当依法承担相应责任。

第十九条　其他责任

1. 由于旅游者自身原因导致本合同不能履行或者不能按照约定履行，或者造成旅游者人身损害、财产损失的，旅行社不承担责任。

2. 旅游者在自行安排活动期间人身、财产权益受到损害的，旅行社在事前已尽到必要警示说明义务且事后已尽到必要救助义务的，旅行社不承担赔偿责任。

3. 由于第三方侵害等不可归责于旅行社的原因导致旅游者人身、财产权益受到损害的，旅行社不承赔偿责任。但因旅行社不履行协助义务致使旅游者人身、财产权益损失扩大的，旅行社应当就扩大的损失承担赔偿责任。

4. 由于公共交通经营者的原因造成旅游者人身损害、财产损失依法应承担责任的，旅行社应当协助旅游者向公共交通经营者索赔。

第七章　协议条款

第二十条　线路行程时间

出发时间_____年____月____日时，结束时间_____年____月____日____时；共_____天，饭店住宿_____夜。

第二十一条　旅游费用及支付（以人民币为计算单位）

成人：_____元/人，儿童（不满14岁）：_____元/人；其中，导游服务费：_____元/人；

旅游费用合计：_____元。

旅游费用支付方式：_____。

旅游费用支付时间：_____。

第二十二条　人身意外伤害保险

1. 旅行社提示旅游者购买人身意外伤害保险；
2. 旅游者可以做以下选择：

□委托旅行社购买（旅行社不具有保险兼业代理资格的，不得勾选此项）：保险产品名称_____（投保的相关信息以实际保单为准）；

□自行购买；

□放弃购买。

第二十三条　成团人数与不成团的约定

成团的最低人数：_____人。

如不能成团，旅游者是否同意按下列方式解决：

1. _____（同意或者不同意，打钩无效）旅行社委托_____旅行社履行合同；
2. _____（同意或者不同意，打钩无效）延期出团；
3. _____（同意或者不同意，打钩无效）改变其他线路出团；
4. _____（同意或者不同意，打钩无效）解除合同。

第二十四条　拼团约定

旅游者_____（同意或者不同意，打钩无效）采用拼团方式拼至_____旅行社成团。

第二十五条　自愿购物和参加另行付费旅游项目约定

1. 旅游者可以自主决定是否参加旅行社安排的购物活动、另行付费旅游项目；
2. 旅行社可以在不以不合理的低价组织旅游活动、不诱骗旅游者、不获取回扣等不正当利益，且不影响其他旅游者行程安排的前提下，按照平等自愿、诚实信用的原则，与旅游者协商一致达成购物活动、另行付费旅游项目协议；
3. 购物活动、另行付费旅游项目安排应不与《行程单》冲突；
4. 地接社及其从业人员在行程中安排购物活动、另行付费旅游项目的，责任由订立本合同的旅行社承担；
5. 购物活动、另行付费旅游项目具体约定见《自愿购物活动补充协议》（附件3）、《自愿参加另行付费旅游项目补充协议》（附件4）。

第二十六条　争议的解决方式

本合同履行过程中发生争议，由双方协商解决；也可向合同签订地的旅游质监执法机构、消费者协会、有关的调解组织等有关部门或者机构申请调解。协商或者调解不成的，按下列第_____种方式解决：

1. 提交_____仲裁委员会仲裁；

2. 依法向人民法院起诉。

第二十七条 其他约定事项

未尽事宜，经旅游者和旅行社双方协商一致，可以列入补充条款。（如合同空间不够，可以另附纸张，由双方签字或者盖章确认。）

_____

_____

第二十八条 合同效力

本合同一式_____份，双方各持_____份，具有同等法律效力，自双方当事人签字或者盖章之日起生效。

旅游者代表签字（盖章）：_____　　旅行社盖章：_____

证件号码：_____　　　　　签约代表签字：_____

住　　址：_____　　　　　营业地址：_____

联系电话：_____　　　　　联系电话：_____

传　　真：_____　　　　　传　　真：_____

邮　　编：_____　　　　　邮　　编：_____

电子信箱：_____　　　　　电子信箱：_____

签约日期：_____年____月____日　　　　签约日期：_____年____月____日

签约地点：_____

旅行社监督、投诉电话：_____

_____省_____市旅游质监执法机构：

投诉电话：_____

电子邮箱：_____

地　　址：_____

邮　　编：_____

附件1：旅游报名表

旅游线路及编号_____旅游者出团时间意向_____

姓 名		性别		民族		出生日期	
身份证件号码				联系电话			
身体状况	（需注明是否有身体残疾、精神疾病、高血压、心脏病等健康受损病症、病史，是否为妊娠期妇女。）						
旅游者全部同行人名单及分房要求（所列同行人均视为旅游者要求必须同时安排出团）： _____与_____同住，_____与_____同住，_____与_____同住， _____与_____同住，_____与_____同住，_____与_____同住， _____为单男/单女需要安排与他人同住，_____不占床位， _____全程要求入住单间（应当补交房费差额）							
其他补充约定：							
旅游者确认签名（盖章）：　　　　　　年　　月　　日							
备注	（年龄低于18周岁，需要提交家长书面同意出行书）						
以 下 各 栏 由 旅 行 社 工 作 人 员 填 写							
服务网点名称				旅行社经办人			

附件2：带团号的《旅游行程单》

旅游者：（代表人签字）　　　　　　旅行社：（盖章）

　　　　　　　　　　　　　　　　　经办人：（签字）
　　　　　　　　　　　　　　　　　　年　月　日

附件3：

自愿购物活动补充协议

具体时间	地点	购物场所名称	主要商品信息	最长停留时间（分钟）	其他说明	旅游者签名同意
年　月　日　时						签名：
年　月　日　时						签名：
年　月　日　时						签名：

旅行社经办人签名：_____

附件4：

自愿参加另行付费旅游项目补充协议

具体时间	地点	项目名称和内容	费用（元）	项目时长（分钟）	其他说明	旅游者签名同意
年　月　日　时						签名：
年　月　日　时						签名：
年　月　日　时						签名：

旅行社经办人签名：_____

表单 3-3

网络广告投放调查分析表

序号	媒体形式	受众范围	时效性	与潜在顾客的相关性	预算

调查小组成员：

记录人：

汇总人：

审核人：

模块四

旅行社计调业务

　　计调是旅行社三大业务岗位（计调、导游、外联）之一，也是旅行社的核心业务岗位，计调人员通过对与旅游活动相关的食、住、行、游、购、娱等项目的安排、策划、协调，保证游客能够顺利完成旅游活动。计调工作非常重要，处于旅行社神经中枢的地位，业务连接内外。旅行社是否盈利，盈利多少，很大程度上由计调人员的业务能力所决定，所以计调是旅行社业务活动的幕后总指挥、总设计和总调度，而不是一个简单重复的技术性劳动。如果说外联是采购员的话，计调人员就是烹饪大师，经他的手把酸甜苦辣咸等不同的滋味调制出来，以满足不同旅游者的口味。根据旅行社的规模大小、业务范围、管理方式等不同，旅行社计调岗位的划分也有所不同。一般按照业务范围可以把计调分为地接计调和组团计调两大类，在此基础上又可以细分为不同的类别。组团计调是指组团社内，根据游客的要求，设计行程，联系地接社，负责游客出行各项事务操作的计调人员。组团计调根据游客的出行目的地又可以划分为省内周边游计调、国内游计调和出境游计调。地接计调是指地接社中负责按照组团社的计划和要求确定旅游用车等区间交通工具、用餐、住宿、游览、安排导游等事宜的计调人员。按地接社接待游客的来源可分为国内接待计调和国际入境接待计调。

项目一　组团计调操作

项目介绍

组团计调是旅行社中负责组织客源地的游客前往旅游目的地，并负责选择地接社，监督地接社接待质量，保证游客顺利完成旅游活动的业务。本项目主要学习组团计调的主要职责和工作内容，以及地接社选择、发团管理与操作等基本业务流程。

学习目标

> 1. 知识目标

（1）熟悉组团计调岗位的基本工作内容；
（2）掌握组团计调操作的流程；
（3）熟悉组团计调业务操作的技巧及原则；
（4）掌握组团社业务档案的归档要求和基本内容。

> 2. 能力目标

（1）熟悉地接社选择的原则；
（2）掌握与地接社沟通的基本方法；
（3）掌握交通票据购买的方法和技巧；
（4）能够完成与地接社团队的确认工作；
（5）掌握组团合同签订的要求。

> 3. 素质目标

（1）具有较强的团队合作意识和与人沟通交往的能力；
（2）树立顾客至上、质量第一的良好职业道德意识；
（3）养成事无巨细的工作作风。

学时安排

4 学时

工作情景描述

你刚到辽阳众驰国际旅行社做计调不久，接到了计调部经理分配的任务：散客成团22人（小孩3人），华东五市六日游，要求制作线路的具体安排，并负责接待此团队。你工作积极性很高，在完成手头的工作后，早早就进入了准备阶段，此时你应该怎么做？

工作任务一　发团前的准备

【任务目标】

1. 根据团队情况，搜集相关线路信息，进行线路设计工作；
2. 通过网络等途径寻找华东当地地接社，进行询价工作；
3. 查询交通情况及价格；
4. 选择地接社和交通方式，确定行程价格；
5. 编制旅游行程表；
6. 培养质量意识、诚信服务意识。

【实施条件】

实训室，每名学生配备一台连接互联网的计算机。

【实施过程】

环节	操作及说明	注意事项及要求
环节一	根据之前学过的旅游线路设计的原则和步骤，各组自行设计一条华东五市六日游旅游线路	
环节二	各组通过网络、校友等方式寻找3~5家华东地区的地接社，并了解地接社的基本情况，填写地接社基本情况调查表（表单4-1），选择合适的地接社并说明理由	1. 活动以学生分组的形式进行，小组成员注意分工协作，各司其职，按时完成任务。 2. 小组成员分别阐述自己选择地接社的理由，综合讨论之后确定。 3. 小组成员共同完成最终成果：××旅行社华东五市六日游行程单
环节三	各组将设计好的行程传给所选地接社，向地接社进行询价。要求地接社进行分项报价，以便了解各方面成本	
环节四	各组安排专门人员负责了解大交通的情况，并联系航空公司进行交通客票价格的咨询	
环节五	各组根据询价情况核算行程成本价格，包括往返大交通费用、地接社报价、全陪费用、组团社运营成本、组团社利润。计价时除了考虑成本之外，一般留出10%~20%的利润	
环节六	各组根据设计的行程和价格制作完整的行程单，编制团号。行程单要标明具体行程、住宿、餐饮、交通、娱乐、费用说明、出团日期、行程天数等详细信息	
环节七	向前台和外联部门发布最新的国内组团游线路、报价等	

【知识链接】

请扫码阅读知识链接。

地接社的选择

工作任务二　旅游过程中的团队操作

【任务目标】

1. 落实交通，编制旅行社订票单；
2. 与地接社进行行程确认；
3. 选派全陪导游并随时跟踪团队情况；
4. 具有质量意识、诚信服务意识。

【实施条件】

实训室，每名学生配备一台连接互联网的计算机。

【实施过程】

环节	操作及说明	注意事项及要求
环节一	仔细核对团队名单，填写《订票单》（表单4-2），注明团号、人数、班次、用票时间、票别、票量，并由经手人签字	
环节二	向地接社发送预报传真（表单4-3），预报计划的内容包括团号、人数、行程、到达日期、返程日期、食宿要求、接待标准。特别注明抵离的交通工具、车次、航班等信息	
环节三	确定好价格、人数、日程之后，填写《旅行团队计划确认书》（表单4-4）加盖公章传真至地接社，并附上游客名单，并要求地接社尽快回传确认，之后签订《国内旅游地接业务委托合同》（表单4-6）	小组成员每名同学均填写各项表单，之后互相纠错并讨论填写的准确性
环节四	选择符合旅游团队性质要求的全陪导游，向导游交代接待计划，下发《出团计划书》（表单4-7）、《游客意见反馈单》（表单4-8）、《全陪日志》（表单4-9）、《游客名单》	
环节五	团队出发前1～3天通知客人关于出团的具体信息，向游客传达或发送《出团通知书》（表单4-10）	
环节六	团队运行过程中与全陪、地接社保持密切联系，及时获得团队信息，如遇突发情况负责协调处理	

【知识链接】

请扫码阅读知识链接。

组团计调

工作任务三　团队返回后的报账总结

【任务目标】

1. 团队结束后填写决算单，财务报账；
2. 整理组团业务归档；
3. 建立客户档案；
4. 培养质量意识、诚信服务意识。

【实施条件】

实训室，每名学生配备一台连接互联网的计算机。

【实施过程】

环节	操作及说明	注意事项及要求
环节一	团队结束，根据地接社发来的《旅行团费用结算通知书》，填写《决算单》（表单4-11），连同与游客签订的《旅游合同》、与地接社签订的《旅行团队计划确认书》、地接社发来的《结算通知书》、地接社开具的发票等原始凭证，交公司财务报账	1. 小组成员每名同学均填写决算单，之后互相纠错并讨论填写的准确性。 2. 组团社接团业务档案文件整理要求包括封面、目录和业务文件。 3. 分别通过电话和网络模拟客户回访过程，小组内部进行互相点评纠错
环节二	各组整理本次任务包含的文档资料，建立组团社团队业务档案，文件如下： （1）国内旅游合同； （2）旅游行程计划说明书； （3）旅游者名单； （4）授权委托书； （5）双方旅行社团队确认单； （6）组团行程计划单； （7）服务质量反馈表； （8）结算单； （9）旅游安全相关材料（如保险单据等）； （10）其他相关材料	
环节三	团队行程结束后，对参团客人进行回访，完成顾客满意度调查表（表单4-12），建立客户档案，档案包括客户基本信息、历史消费记录、未来消费需求与取向等	

工作任务四　成果汇报与考核评价

【任务目标】

1. 进行成果汇报，掌握成果汇报展示的方法并进行训练；
2. 评价各组的工作情况；
3. 评价过程中具有诚实守信、求真务实、自我总结的精神。

【实施条件】

实训室，配备多媒体设备。

【实施过程】

环节	操作及说明	注意事项及要求
环节一	以组为单位交流汇报调研成果，组与组之间提出问题、交流、师生互动，要求PPT展示，每组限定时间。汇报要点如下： （1）线路介绍； （2）组团操作流程； （3）业务档案展示	汇报过程中小组之间注意发现问题，并及时提出问题，之后大家共同讨论解决问题
环节二	学生自评、互评、小组组长点评各个组员的工作成效	
环节三	指导教师给各组评分，并进行有针对性的点评，汇总各组成果。引导学生树立顾客至上、质量第一的服务意识；养成事无巨细的工作作风；培养处理突发事件的能力	

课堂笔记：

【考核评价】

表 4-1-1　学生自评表

考核项目：组团计调操作			班级：	姓名：
小组名称：			小组组长：	
小组成员：				
过程评价	完成时间		提前完成	
			准时完成	
			超时完成	
	完成质量		优秀	
			良好	
			有待改进	
结果评价	评价标准		分值	得分
	运用多种渠道主动学习相关知识、提升能力		10	
	运用多种方式搜集资讯		10	
	计划制订合理、可行		10	
	完成线路设计		15	
	完成表单填写		30	
	组团业务档案归档		15	
	团队合作		10	
总分				
学习收获：				

表 4-1-2　小组互评表

考核项目：组团计调操作		满分	得分
成果展示	是否全面地进行了信息的收集	10	
	是否在规定时间内完成了所要求的全部工作内容	10	
	课堂展示是否清晰流畅	20	
	行程安排合理	10	
	表单填写质量	30	
	团队协作	10	
	回答问题	10	
总分		100	

表 4-1-3　教师评价表

考核项目：组团计调操作		班级：	姓名：	
小组名称：		小组组长：		
小组成员：				
评价标准		权数	检查情况	得分
1. 资讯				
（1）能正确理解任务的要求和目标		0.2		
（2）能合理运用多种方式搜集资讯		0.2		
（3）能自主获得与任务有关的新知识		0.3		
2. 计划和决策				
（1）是否参与了计划的制订		0.2		
（2）能否主动寻找解决问题的办法		0.3		
（3）制订的实施计划是否合理、可行		0.2		
3. 实施				
（1）发团前的准备	与地接社交流	1.5		
	行程安排	1		
（2）团队操作	表单填写规范仔细	1		
	掌握组团计调流程	0.5		
（3）报账总结	规范正确	0.5		
	归档完整	0.5		
（4）成果汇报	汇报清晰、全面	2		
	制作精美的 PPT	1		
4. 检查与评价				
（1）准确实施了行动计划		0.2		
（2）成果展示的缺陷和改进措施		0.2		
（3）自我评价是否客观恰当		0.2		
总分				

拓展阅读

莫让拖欠团款成潜规则

一般而言，组团社为确保团队质量，往往预付一部分款项，剩余部分在团队行程结束后付清。很多地接社，都不同程度地被组团社以各种各样的理由拖欠过账款，由此而产生的旅游投诉数量也呈现上升趋势。海南省旅游质量监督管理所曾经进行调查，海南地接社被拖欠的团款数额惊人，少的十几万元，多则上百万元，最高的一家竟累计 500 万元。张家界旅行社业内曾经做过统计，所有张家界的地接社，每年被外地组团社拖欠团款少则 3 亿元，多则 5 亿元，其中团款被拖个 3～5 个月都属正常。在北京举行的一次旅行社管理论坛上，主持人对 60 位全国各地的总经理做了一个调查。结果显示，企业每年被拖欠款在 5 万元以上的，竟然达到80%。同样也反映了有专门依靠拖欠团款求发展的"专业户"。由于组团社拖欠地接社的团款，地接社就会在流动资金紧张时拖欠酒店、车队、景点的团款，最终形成"三角债"，从而导致整个旅游行业的债务危机。这不仅会影响地接社的旅游接待质量，导致游客投诉量的增加，同时还会严重影响旅游业的正常发展。

因此，作为上游的组团社，应本着互惠互利、诚信合作的原则，根据与地接社约定的方式和时间，尽早结款，树立自身在行业中的良好形象，为今后的长远发展奠定基础。总之，每个旅游企业在合作过程中双方需要沟通和协调的问题很多，但如果没有诚信，则双方合作的基础就丧失了。旅游业的运行离不开良好的信用环境，也是促进中国旅游业稳定、向上发展的重要核心。

资料来源：吕海龙，刘雪梅. 旅行社计调业务［M］. 北京：北京理工大学出版社，2017.

项目二　地接计调操作

项目介绍

地接计调是按照组团社的要求，与组团社签订接待协议，安排游客在旅游目的地的旅游活动，负责落实游客的游览线路、目的地交通、住宿、餐饮、娱乐购物、导游等各方面服务的人员，对旅游质量具有重要的影响。本项目主要学习地接计调工作的特点、工作内容和操作方法，以及导游人员管理与地接计调接团操作等基本业务流程。

学习目标

➢ 1. 知识目标
（1）熟悉地接计调的工作内容；
（2）掌握地接社旅游接待服务产品采购的程序和方法；
（3）了解地接计调工作的特点和导游管理的方法。
➢ 2. 能力目标
（1）能够完成地接报价和确认；
（2）能进行地接项目采购；
（3）能选派地陪导游。
➢ 3. 素质目标
（1）具有较强的团队合作意识和与人沟通交往的能力；
（2）树立顾客至上、质量第一的良好职业道德意识；
（3）养成事无巨细的工作作风。

学时安排

4 学时

工作情景描述

辽阳众驰国际旅行社收到上海某旅行社的传真，内容如下：
辽阳众驰国际旅行社：
　　我社组织的32名游客于2020年6月10日乘Z172次火车于11日上午09：28抵达沈阳北火车站，请按常规行程安排去沈阳故宫、张氏帅府、中街商业街、北陵、东陵游览，到刘老根大舞台观看有东北特色的二人转表演。并于6月13日上午离开沈阳前往大连，请预订沈阳到大连的车票。另请代订标准房16间和全陪房一间。正式计划及游客名单后发。谢谢合作！祝贵公司昌盛！

上海某旅行社
计调部韩某
2020.5.15

此时，作为计调你该做些什么？

工作任务一　接受组团社的询价

【任务目标】

1. 阅读组团社发来的传真；
2. 根据团队来源设计旅游行程；
3. 通过网络、电话等工具了解住宿、餐饮、交通、景点门票等信息；
4. 进行产品定价并向组团社报价；
5. 填写《行程确认书》；
6. 培养质量意识、诚信服务意识。

【实施条件】

实训室，每名学生配备一台连接互联网的计算机。

【实施过程】

环节	操作及说明	注意事项及要求
环节一	阅读组团社发来的预报传真，获取以下信息，并做好记录（表单4-14）： （1）传真来自哪个城市、哪家旅行社、发件人是谁； （2）传真发出的日期； （3）旅游团人数：几名游客（几名成人、几名儿童），几名陪同； （4）服务等级：经济、标准、豪华； （5）线路情况：地接线路日程内容，是否需要代为设计地接路线； （6）团队特殊要求； （7）团队抵离时间、地点； （8）是否需要代订返程火车票、飞机票、船票	1. 活动以学生分组的形式进行，小组成员注意分工协作，各司其职，按时完成任务。 2. 小组成员共同完成最终成果：发给组团社的日程表及报价
环节二	按照组团社的要求编排好本地接待的行程表	
环节三	在编排好行程之后，按照旅游团涉及的接待项目逐项列出成本，计算出旅游团游客人均成本以及陪同人员人均成本	
环节四	将以上旅游日程表及价格报给客户，报价中应显示成人单价、儿童单价、旅游团总价、组团社陪同人员总价。报价传真给组团社后应打电话询问，确定对方收到传真。然后，耐心等待对方的答复	

【知识链接】

请扫码阅读知识链接。

地接计调

工作任务二　地接社的采购

【任务目标】

1. 落实团队接待各项事宜；
2. 与组团社进行行程确认；
3. 选派全陪导游并随时跟踪团队情况；
4. 填写计调工作常用表单；
5. 培养质量意识、诚信服务意识。

【实施条件】

实训室，每名学生配备一台连接互联网的计算机。

【实施过程】

环节	操作及说明	注意事项及要求
环节一	地接社和组团社对于行程和价格等协商一致后，需要通过传真进行确认，填写《行程确认单》（表单4-15），内容包括团队基本信息、行程、收费标准、结算方式、团队名单、特殊要求等内容	小组成员每名同学均填写各项表单，之后互相纠错并讨论填写的准确性
环节二	根据用车计划的要求，选择车队，填写《订车单》（表单4-16），签订用车合同	
环节三	根据住宿安排，选择住宿酒店，填写《订房单》（表单4-17），签订用房合同	
环节四	根据用餐要求，选择饭店，填写《订餐单》（表单4-18），签订用餐合同	
环节五	根据返程安排，选择合适的交通工具，确定出发时间，填写《订票单》（表单4-19）	
环节六	将投保的旅游团名单发送给保险公司，并要求保险公司及时回传确认传真及合同协议（表单4-20），作为投保依据	
环节七	选择符合旅游团队性质要求的地陪导游，向导游交代接待计划，下发导游接团通知单（表单4-21），地接社与组团社最终确认的旅游行程的复印件，游客意见反馈表（表单4-22），住宿、餐饮、地接车、景点的预订确认单，旅游行政管理部门下发的旅游接待计划表或派团单（表单4-23）	

【知识链接】

请扫码阅读的知识链接。

旅游服务采购

工作任务三　团队返回后的报账总结

【任务目标】

1. 团队结束后填写决算单，财务报账；
2. 整理组团业务归档；
3. 建立客户档案。

【实施条件】

实训室，每名学生配备一台连接互联网的计算机。

【实施过程】

环节	操作及说明	注意事项及要求
环节一	在团队行程结束之前填写《旅行团费用决算通知书》（表单4-24），表明团款明细，团款总额、已付金额、余额，地接社银行账号等。在团队返程后，以传真形式发给组团社，催收团款	
环节二	团队结束后，要求地陪导游凭各发票原始单据和《游客意见反馈表》及时报账。然后根据团队发生的费用填写《地接费用结算单》（表单4-25），向财务报账	1. 小组成员每名同学均填写表单，之后互相纠错并讨论填写的准确性。 2. 地接社接团业务档案文件整理要求包括封面、目录和业务文件
环节三	将团队操作的原始单据及与组团社往来的各种文件整理归档。文件如下： （1）双方旅行社团队确认单； （2）接团行程计划单（电子行程单）； （3）与下一行程地区旅行社团队确认单； （4）订房确认单； （5）订车确认单； （6）导游接团任务工作单； （7）结算单； （8）服务质量反馈表； （9）旅游安全相关材料（如保险单据等）； （10）相关材料	

工作任务四　成果汇报与考核评价

【任务目标】

1. 进行成果汇报，掌握成果汇报展示的方法并进行训练；
2. 评价各组的工作情况；
3. 评价过程中具有诚实守信、求真务实、自我总结的精神。

【实施条件】

实训室，配备多媒体设备。

【实施过程】

环节	操作及说明	注意事项及要求
环节一	以组为单位交流汇报调研成果，组与组之间提出问题，交流，师生互动。要求 PPT 展示，每组限定时间。汇报要点如下： （1）线路介绍； （2）地接操作流程； （3）业务档案展示	汇报过程中小组之间注意发现问题，并及时提出问题，之后大家共同讨论解决问题
环节二	学生自评、互评、小组组长点评各个组员的工作成效	
环节三	指导教师给各组评分，并进行有针对性的点评，汇总各组成果。引导学生树立顾客至上、质量第一的服务意识；养成事无巨细的工作作风；培养处理突发事件的能力	

课堂笔记：

【考核评价】

表 4-2-1　学生自评表

考核项目：地接计调操作		班级：		姓名：	
小组名称：			小组组长：		
小组成员：					
过程评价	完成时间		提前完成		
			准时完成		
			超时完成		
	完成质量		优秀		
			良好		
			有待改进		
结果评价	评价标准		分值		得分
	运用多种渠道主动学习相关知识、提升能力		10		
	运用多种方式搜集资讯		10		
	计划制订合理、可行		10		
	完成线路设计		15		
	完成表单填写		30		
	地接业务档案归档		15		
	团队合作		10		
总分					
学习收获：					

表 4-2-2　小组互评表

考核项目：地接计调操作		满分	得分
成果展示	是否全面地进行了信息的收集	10	
	是否在规定时间内完成了所要求的全部工作内容	10	
	课堂展示是否清晰流畅	20	
	行程安排合理	10	
	表单填写质量	30	
	团队协作	10	
	回答问题	10	
总分		100	

表 4-2-3　教师评价表

考核项目：地接计调操作		班级：	姓名：	
小组名称：		小组组长：		
小组成员：				
评价标准		权数	检查情况	得分
1. 资讯				
（1）能正确理解任务的要求和目标		0.2		
（2）能合理运用多种方式搜集资讯		0.2		
（3）能自主获得与任务有关的新知识		0.3		
2. 计划和决策				
（1）是否参与了计划的制订		0.2		
（2）能否主动寻找解决问题的办法		0.3		
（3）制订的实施计划是否合理、可行		0.2		
3. 实施				
（1）接受组团社的询价	与组团社交流	1.5		
	行程安排	1		
（2）地接社的采购	表单填写规范仔细	1		
	掌握地接计调流程	0.5		
（3）报账总结	规范正确	0.5		
	归档完整	0.5		
（4）成果汇报	汇报清晰、全面	2		
	制作精美的 PPT	1		
4. 检查与评价				
（1）准确实施了行动计划		0.2		
（2）成果展示的缺陷和改进措施		0.2		
（3）自我评价是否客观恰当		0.2		
总分				

拓展阅读

细节决定成败

　　四川某旅游公司接到了一个咨询电话，某企业集团的 100 名销售精英要去九寨沟、峨眉山、三星堆等地游览，客人来自全国各地。

　　计调根据情况，认真地做了一个计划和报价。在其后的一周时间，计调和这个公司的办事人员反复沟通多次，最终，在报价高于竞争对手每人 400 元的情况下，拿下了这个初次合作的大团。

　　事后计调在总结这次成功的经验时，列出了以下几条：

　　（1）文案制作：文案很干净、简洁，虽然不算漂亮但是很朴实。将所有资料按顺序整齐地放在一个资料夹里，里边有客户需要了解的所有文件。相比之下，其他竞争对手的资料虽然做得非常漂亮，但是内容简单。

（2）线路编排：线路设计有明显的不同，线路精细、内容丰富多彩、富有人情味，照顾了客户的体力，游览景点的时间安排也合理，哪些景点需要多少时间、重点参观什么主题都明确写明。整个行程很轻松，而且线路编排把人文和自然相间隔，避免引起客户的视觉疲劳，同时线路说明文采飞扬，感染力极强，容易让客户对景点产生向往之情。在行程设计中保证了客户正常的作息时间不变，照顾到客户的吃饭和休息时间，同时对于有可能错过正常休息和用餐时间的弥补方式都征求了客户的意见。

图 4-2-1　九寨沟

（3）行程安排注重质量、体现细节。

①宾馆：以三星级标准报价，但全程用了准四星级的新房。

②用餐：全程所有餐厅的菜谱，全部按团队情况进行配菜。而在整体安排上，也考虑了客人来自全国各地不能很快适应川菜的情况，安排的菜谱从清淡逐渐浓香，直到最后一餐才上火锅。其中包括中餐、小吃、风味菜、川菜、特色菜等，并为在饮食上有特殊要求的两个游客单独上菜。

③接送机用车：针对客户用高级轿车接送机的要求，在计划中明确说明用九成新以上瑞风商务轿车。

④旅游用车：客户要求用豪华金龙空调车作为旅游用车，在计划中写明用一车内 47 座金龙/安凯/佳丽安/凯斯鲍尔。

⑤迎接礼仪：客户要求礼仪小姐手捧鲜花在机场迎接。旅行社承诺：九寨沟藏族民族艺术团的全体演员在机场载歌载舞，敬献哈达，迎接贵宾（当漂亮的藏族姑娘在机场载歌载舞、敬献哈达的时候，客户相当震惊，这个集团的老总相当满意这样的安排）。

⑥宣传：客户要求在酒店门口悬挂横幅欢迎，而旅行社动用了电视台的采访组，带着摄像机，进行沿途拍摄。当地报纸也派来了一个工作车，两个摄影记者，走在队伍前面。沿途在每一处逗留时间较长的地方，都会提前挂上"热烈欢迎××集团最可爱的人"的条幅，带给客人无比尊贵的感觉。另外，专门制作了一个长 22 米、宽 2 米，用他们公司徽标做形象的图画，在所到之处需要照相的地方，都展开进行合影，游览结束时贴在他们公司的墙上作为永久纪念。

⑦纪念品：赠送本次游览的纪念光盘，峨眉山风景区、三星堆面具的旅游书签，九寨沟山珍野味特产。

⑧送行酒会：送团的前一天在成都一个火锅店，一边吃火锅，一边看表演、看变脸。同时各个地区的经销商互相点歌赠送，而经销商和旅行社又不停地互相点歌，把这次的游览推向了高潮。第二天的游览结束后，部分客户又参加了我社其他线路的旅游。

（4）人格魅力的竞争：在竞争中，全心思放在产品和细节设计上，不做低价竞争、不诋毁竞争对手，体现先做人后做事的人格魅力，先推销自己，再销售产品。

资料来源：吕海龙，刘雪梅. 旅行社计调业务［M］. 北京：北京理工大学出版社，2017.

项目三 出境计调操作

项目介绍

出境旅游是我国居民生活水平提高的标志之一,也是我国国际旅游业务完成从纯接待型向接待、组团双向发展的标志,而且此项业务也将随着我国经济水平的逐步提高和消费观念的逐步改变,进一步得到发展。出境计调业务与国内组团计调业务的操作方法类似,但由于涉及出境环节,因此在操作上又复杂了许多。本项目主要学习出境计调操作的基本内容和流程、护照和签证的相关知识。

学习目标

➢ 1. 知识目标
(1) 熟悉出境游计调的基本概念;
(2) 掌握出境游计调操作的基本内容;
(3) 掌握出境游计调操作的流程。
➢ 2. 能力目标
(1) 能够办理签证的相关手续;
(2) 能独立组织行前说明会;
(3) 能按流程完成团队出境游业务的操作。
➢ 3. 素质目标
(1) 培养较强的团队合作意识和与人沟通交往的能力;
(2) 树立顾客至上、质量第一的良好职业道德意识;
(3) 养成事无巨细的工作作风。

学时安排

4 学时

工作情景描述

最近,辽阳众驰国际旅行社根据最新的游客需求动向,研究决定重点开发东亚一线的出境旅游产品,研发出来后如果时机成熟就推向市场。作为一名组团计调,又因为以前和朋友曾去过韩国,对那里特色的旅游资源和交通比较熟悉,你设计了一条去韩国的旅游线路,那么接下来你还需要做哪些工作呢?

工作任务一　发团前的准备

【任务目标】

1. 根据团队情况，搜集相关线路信息，进行线路设计工作；
2. 通过网络等途径寻找韩国当地地接社，进行询价工作；
3. 查询交通情况及价格；
4. 选择地接社和交通，确定行程价格；
5. 编制旅游行程表；
6. 具有质量意识、诚信服务意识。

【实施条件】

实训室，每名学生配备一台连接互联网的计算机。

【实施过程】

环节	操作及说明	注意事项及要求
环节一	根据之前学过的旅游线路设计的原则和步骤，各组自行设计一条韩国七日旅游线路	1. 活动以学生分组的形式进行，小组成员注意分工协作，各司其职，按时完成任务。 2. 小组成员分别阐述自己选择地接社的理由，综合讨论之后确定。 3. 小组成员共同完成最终成果：××旅行社韩国七日游行程单及赴韩国旅游须知
环节二	各组通过网络、校友等方式寻找3~5家韩国地区的地接社，并了解地接社的基本情况，选择合适的地接社并说明理由	
环节三	各组将设计好的行程传给所选地接社，向地接社进行询价。要求地接社进行分项报价，以便了解各方面成本	
环节四	各组安排专门人员负责了解大交通的情况，并联系航空公司进行交通客票价格的咨询	
环节五	各组根据询价情况核算行程成本价格，包括往返大交通费用、地接社报价、全陪费用、组团社运营成本、组团社利润。计价时除了考虑成本之外，一般留出10%~20%的利润	
环节六	各组根据设计的行程和价格制作完整的行程单，编制团号。行程单要标明具体行程、住宿、餐饮、交通、娱乐、费用说明、出团日期、行程天数等详细信息	
环节七	向前台和外联部门发布最新的出境游线路、报价及签证须知等	

工作任务二　旅游过程中的团队操作

【任务目标】

1. 办理签证有关手续；
2. 落实交通，编制旅行社订票单；
3. 与地接社进行行程确认；
4. 选派全陪导游并随时跟踪团队情况；
5. 召开行前说明会；
6. 培养质量意识、诚信服务意识。

【实施条件】

实训室，每名学生配备一台连接互联网的计算机。

【实施过程】

环节	操作及说明	注意事项及要求
环节一	审核护照、照片、银行存款证明、流水账单、营业执照及信签纸、申请表、财产证明、身份证明证件。认真审核证件的时效性，如果有所缺材料或材料不符合要求及时联系客户	1. 出境计调业务与国内组团计调业务的操作方法类似，因此表单可以参照组团计调模块。 2. 以小组为单位讨论如何召开行前说明会，并为汇报展示做准备
环节二	准备好送签资料，填写签证申请表，落实好地接社后，将客人资料交经理审批，确定送签单位后和财务核对一遍收费情况，无误后送签	
环节三	送签的同时，进一步确定行程，向地接社发送预报传真，确定好价格、人数、日程之后，填写《旅行团队计划确认书》，加盖公章传真至地接社，并附上游客名单，并要求地接社尽快回传确认	
环节四	签证下来后及时通知票务出机票，注意三核对：核对名字、护照号、出生日期。取票后再次核对姓名、时间和航班号	
环节五	选择符合旅游团队性质要求的领队，与领队交接团队所有具体事宜，下发《游客意见反馈单》《领队日志》《游客名单》	
环节六	在团队出发前1~3天通知客人关于出团的具体信息，向游客传达或发送《出团通知书》，召开行前说明会	
环节七	团队运行过程中与领队、地接社保持密切联系，及时获得团队信息，如遇突发情况负责协调处理	

【知识链接】

请扫码阅读知识链接。

签订和护照

工作任务三　团队返回后的报账总结

【任务目标】

1. 团队结束后填写决算单，财务报账；
2. 整理组团业务归档；
3. 建立客户档案；
4. 培养质量意识、诚信服务意识。

【实施条件】

实训室，每名学生配备一台连接互联网的计算机。

【实施过程】

环节	操作及说明	注意事项及要求
环节一	团队结束，根据地接社发来的《旅行团费用结算通知书》，填写《决算单》，连同与游客签订的《旅游合同》、与地接社签订的《旅行团队计划确认书》、地接社发来的《结算单》、地接社开具的发票等原始凭证，交公司财务报账	1. 出境业务档案文件整理要求与组团计调一致。 2. 分别通过电话和网络模拟客户回访过程，小组内部进行互相点评纠错
环节二	各组整理本次任务包含的文档资料，建立组团社团队业务档案，文件如下： （1）出境旅游合同； （2）旅游行程计划说明书； （3）旅游者名单； （4）授权委托书； （5）双方旅行社团队确认单； （6）组团行程计划单； （7）服务质量反馈表； （8）结算单； （9）旅游安全相关材料（如保险单据等）； （10）其他相关材料	
环节三	团队行程结束后，对参团客人进行回访，完成顾客满意度调查表，建立客户档案，档案包括客户基本信息、历史消费记录、未来消费需求与取向等	

工作任务四　成果汇报与考核评价

【任务目标】

1. 进行成果汇报，掌握成果汇报展示的方法并进行训练；
2. 评价各组的工作情况；
3. 评价过程中具有诚实守信、求真务实、自我总结的精神。

【实施条件】

实训室，配备多媒体设备。

【实施过程】

环节	操作及说明	注意事项及要求
环节一	以组为单位交流汇报调研成果，组与组之间提出问题，交流，师生互动。要求PPT展示，每组限定时间。汇报要点如下： （1）线路介绍； （2）出境操作流程； （3）业务档案展示	汇报过程中小组之间注意发现问题，并及时提出问题，之后大家共同讨论解决问题
环节二	学生自评、互评、小组组长点评各个组员的工作成效	
环节三	指导教师给各组评分，并进行有针对性的点评，汇总各组成果。引导学生正确看待旅游业的易波动性，坚定行业自信，意识到只有不断创新才能立足于不断变化的市场	

课堂笔记：

【考核评价】

表 4-3-1　学生自评表

考核项目：出境计调操作			班级：	姓名：
小组名称：			小组组长：	
小组成员：				
过程评价	完成时间		提前完成	
			准时完成	
			超时完成	
	完成质量		优秀	
			良好	
			有待改进	
结果评价	评价标准		分值	得分
	运用多种渠道主动学习相关知识、提升能力		10	
	运用多种方式搜集资讯		10	
	计划制订合理、可行		10	
	完成线路设计		15	
	完成表单填写		30	
	组团业务档案归档		15	
	团队合作		10	
总分				
学习收获：				

表 4-3-2　小组互评表

考核项目：出境计调操作		满分	得分
成果展示	是否全面地进行了信息的收集	10	
	是否在规定时间内完成了所要求的全部工作内容	10	
	课堂展示是否清晰流畅	20	
	行程安排合理	10	
	表单填写质量	30	
	团队协作	10	
	回答问题	10	
总分		100	

表 4-3-3 教师评价表

考核项目：出境计调操作		班级：	姓名：
小组名称：		小组组长：	
小组成员：			

评价标准		权数	检查情况	得分
1. 资讯				
（1）能正确理解任务的要求和目标		0.2		
（2）能合理运用多种方式搜集资讯		0.2		
（3）能自主获得与任务有关的新知识		0.3		
2. 计划和决策				
（1）是否参与了计划的制订		0.2		
（2）能否主动寻找解决问题的办法		0.3		
（3）制订的实施计划是否合理、可行		0.2		
3. 实施				
（1）发团前的准备	与地接社交流	1.5		
	行程安排	1		
（2）团队操作	表单填写规范仔细	1		
	掌握出境计调流程	0.5		
（3）报账总结	规范正确	0.5		
	归档完整	0.5		
（4）成果汇报	汇报清晰、全面	2		
	制作精美的 PPT	1		
4. 检查与评价				
（1）准确实施了行动计划		0.2		
（2）成果展示的缺陷和改进措施		0.2		
（3）自我评价是否客观恰当		0.2		
总分				

拓展阅读

《中国出境旅游发展报告 2020》

《中国出境旅游发展报告 2020》在线发布，报告系统梳理了 2019 年和新冠肺炎疫情暴发以来的出境旅游发展，分析了出境旅游客源地、目的地、相关市场主体和满意度等重要方面的形势和变化，并对业内广泛关注的焦点话题做出了回应。

2019 年中国出境旅游保持平稳发展。体现在发展速度上，也体现在目的地结构和客源地结构上。2019 年，我国的出境旅游市场仍然保持了增长态势，规模达到 1.55 亿人次，相比 2018 年同比增长了 3.3%。2019 年，中国出境旅游市场的增长速度放缓。2019 年，我国出境游客境外消费超过 1 338 亿美元，增速超过 2%。

受疫情的影响，2020年出境旅游市场几乎处于停滞状态。2018年、2019年的1—6月份出境旅游人数的同比增长率皆为正数，而2020年的1—6月份出境旅游人数的同比增长率皆为负数。

1. 出境市场主体也在积极作为，保护游客、保存元气、保育未来

疫情下，中国出境旅游企业反应迅速，在保障游客生命和健康安全，维护游客权益的同时积极自救，谋划和准备未来。疫情暴发初期，第一时间启动安全保障机制，暂停业务经营，全力抗疫。推出免费退改，升级重大灾害保险等措施，全力保障旅客的安全。分布在世界各地，带团出境的领队、导游尽己所能在境外采购防疫物资，并采取自行托运或通过航空公司托运等方式，将境外生产、符合医用标准的疫情防护用品带回境内，缓解了当时防疫物资不足的问题。

同时，出境市场主体尽力缩减成本费用支出，努力争取活下来。在复工复产阶段，积极修炼内功，培训员工，对各类业务的服务标准进行优化和升级。不仅力求维护好与目的地和资源方关系，通过直播、线上业务探讨、产品预售等形式保持竞争力。同时积极布局新兴业务市场，探索新的经营模式。一些市场主体尝试转战国内旅游市场，聚焦有潜力的业务模块。

大型旅游集团、以出境旅行社和空中下载业务（OTA）为代表的旅行服务业、出境旅游产业生态圈的投资商、资源商、供应商、分销商、代理商和合作伙伴，积极转型，探索疫情后旅游业的新常态，开展了大量卓有成效的自救措施和互助行动。这些行动既包括资本和市场层面的举措，也包括广受行业和社会关注的直播带货。可以看到，有的出境旅行社"在线"发力，瞄准网红经济新风口，推出线上商城，直播带货。有的借力海南自贸港，布局旅游合作项目。有的积极研究游客心智模式的变化，积极开发产品，强化培训员工，希望推出更有竞争力的出境旅游产品。

2. 对未来的判断和展望：未来依然好，行动正此时

未来我国出境旅游的恢复和发展，取决于多重因素的综合作用。有疫情的防控形势、国际环境的变化以及经济的景气程度，也有人们心智模式的变化、社会经济结构的变化和科技的发展进步。其中有根本性因素和长期因素，也有影响因素和短期因素，各种因素交织，共同发挥影响。

必须注意的是，中国社会经济向好发展趋势没有变，中国对外开放的决心和力度没有变，中国人民对于美好生活的向往没有变，这就意味着出境旅游发展的根本逻辑没有改变。

疫情防控进入常态化，但外防输入，内防反弹的防控压力依然很大，任何时候都需要将人民的生命安全和身体健康放在第一位。无论出境旅游还是入境旅游的重新开放，都取决于世界疫情的防控形势。

最坏的时刻已经过去，最好的时刻还未到来。主要目的地国家和地区恢复开放的心情迫切，但绝对不能在时机未成熟的时候冒无谓的风险。从长期看，出境旅游迟早会开放，当前新冠肺炎疫情的影响不会改变出境旅游向好的势头。

资料来源：http://www.ctaweb.org.cn/cta/ztyj/202103/87a492a44eda4038b7fe8f6428ed3d5d.shtml，有删减

模块四　旅行社计调业务

学生任务单

表单 4-1

地接社情况调查表

序号	名称	合法性	规模大小	经营模式	服务质量	合作意愿

调查小组成员：
记录人：
汇总人：
审核人：

表单 4-2

×××旅行社飞机票预订单

×××您好：
　　请为我社预订机票_____张。我们已核对过乘客姓名及证件号码，核对无误，请订票。
　　订妥后请尽快传真回复

团号		组团社	
订票日期		订票人		联系电话及传真	
售票处联系人		售票处联系电话及传真	
乘机日期		航班号		始发地—目的地	
票价	成人	2 岁以下儿童	2~12 岁儿童	合计
人数				
游客名单	
传真回执	
备注	

旅行社签章

××旅行社火车票预订单

××您好：
　　请为我社预订火车票_____张。现将火车票预订计划传真与你，请核对无误后订票。
　　订妥后请尽快传真回复

团号			组团社	
订票日期		订票人	联系电话及传真	
售票处联系人		售票处联系电话及传真		
乘车日期		车次	始发地—目的地	

票价		成人	1.2~1.5米儿童	合计
	硬座			
	软座			
	硬卧			
	软卧			
人数				

游客名单	需提供游客名单和身份证号码等信息
传真回执	
备注	

旅行社签章

表单4-3

预报传真

××旅行社××您好：
　　感谢贵社的信任与支持，现将我社_____（团号）一行_____人_____（行程名称）预报如下。此团于年月日乘坐_____（航班或车次），于_____点抵达_____（机场或车站），于_____年_____月_____日_____乘坐_____（航班或车次）返程。请贵社安排好此团住宿、餐饮等事项。此团要求全程入住_____星酒店，请代订标准间_____间和全陪房1间。此团是我社重要客户，请务必保证接待质量。
　　谢谢合作！

××旅行社

××（计调）

年　月　日

表单 4-4

旅行团队计划确认书

致：_____经理，你好，感谢贵社的大力支持，现将我社____团号____+____线路名称团队计划传上，请盖章回传确认。谢谢！

组团社		联系人		电话传真	
地接社		联系人		电话传真	
团号		发团日期		返程日期	
人数		接团标志		导游	
接团航班		返程航班		电话	
日程	抵离城市	主要交通	行程内容	餐饮	住宿

表单 4-5

费用说明

门票	行程所列景点首道门票
住宿	_____级标准酒店，标准间_____元/间、共_____间，三人间_____元/间、共_____间，单人间_____元/间、共_____间。陪同房_____元/间、共_____间。房费总计：_____
用餐	_____早_____正，早餐_____元/人顿，正餐_____元/人顿，八菜一汤，十人一桌。餐费总计：_____
导服	优质导游服务，导服费_____元/人天，导服费总计：_____
汽车	
自费景点、购物安排	
其他费用	
每团报价	××××元
总团款	成人价×人数+小孩价×小孩人数+每团报价合计=××××元
费用包含		费用不含	
经办人签字：		经办人签字：	
_____旅行社（签章） 年　月　日		_____旅行社（签章） 年　月　日	

收到此件后，如无异议，请注明贵社账户开户行及账号，以便汇款，并及早加盖公章确认！

户名：	
账号：	
开户银行：	

表单4-6

国内旅游地接业务委托合同

甲方（组团旅行社）：　　　　　　　　旅行社业务经营许可证号：
乙方（地接旅行社）：　　　　　　　　旅行社业务经营许可证号：

经平等友好协商，双方就乙方地接甲方组织的国内游团队，达成如下协议：

第一条　甲、乙双方为组团地接业务而往来的电子信息及传真件属于本协议的有效附件，具有同等的法律效力。

第二条　甲方按计划将组织成行的旅游团委托乙方接待，乙方同意按照甲方所提出的接待标准和行程安排，为旅游团安排旅行游览活动。

第三条　甲方应在旅游团出发之日起10天前向乙方预报计划；乙方接到甲方预报计划之日起2天内予以确认，并将相关费用以单列的形式提供给甲方，如住宿、餐饮、门票、交通等费用。

甲方旅游团出发之日3天前，以书面形式向乙方确认下列资料：接待标准、行程安排、旅游者名单、所需房间数、航班（车次、船次）。

甲方增加团队，应在出发前提前3天将资料报乙方，由乙方按计划落实各旅游服务项目。

第四条　在旅游团游程结束后，乙方应于一个月内把团队结算单原件盖章后寄给甲方，甲方核对无误后，在7个工作日内将团款结清。乙方在收到团款后的7个工作日内将发票寄给甲方，如有逾期，甲方将顺延下一团队的团费支付。团队团款的结算不超过3个月，如有非甲方原因造成团款结算滞后，甲方不承担相应责任。

第五条　由于甲方原因造成旅游团行程延误、更改、取消所产生的经济损失由甲方承担。

如乙方未按约定的接待标准和日程安排向旅游团提供服务，乙方应当将低于服务标准的费用差额退还甲方，并承担由此造成甲方或旅游者的经济损失。

如因乙方原因变更旅游行程、交通工具、食宿标准等所增加的费用由乙方承担。

第六条　乙方必须委派持有导游证的导游人员提供服务。

乙方导游不得强迫或诱导旅游者到非旅游合同约定的商店购物或擅自增加购物次数、延长购物时间。

乙方导游不得诱导旅游者涉足黄赌毒场所，不得强迫或诱导旅游者参加非旅游合同约定的自费项目。

第七条　甲、乙双方必须高度重视旅游者安全。

乙方应保证交通、住宿、餐饮、景区等服务供应商具有合法资格、资质（由甲方直接采购的服务供应商由甲方自行负责）。

甲方旅游团搭乘飞机、轮船、汽车或在饭店、餐厅等各项旅游设施（区）中受到损害，如不属乙方责任，乙方应积极协助处理；如属乙方责任，乙方应当承担损害赔偿责任。

第八条　乙方应当在甲方委托范围内向旅游者兑现甲方的服务承诺，发生意外情况、质量问题或旅游者投诉时主动、及时处理，并向甲方报告，因此出现取消行程、机票、酒店等情况的，事后双方根据实际情况退赔差额。

第九条　甲、乙双方因不可抗力原因不能履行协议的，不承担违约责任，但应当及时通知对方，如有必要应当及在合理期限内提供相关证明。因不可抗力造成行程变更所增加的费用，由甲、乙双方共同承担。

第十条　合同履行过程中如发生纠纷或一方违约，应积极采取措施补救并防止损失扩大，如措施得当，减轻或避免了守约方的损失，本着友好合作的原则，双方可协商减免违约方责任，协商不成，选择其中之一（选中项打√，不选项打×）：

☐1. 依法向（　　　　　　）人民法院起诉；

☐2. 提交广州仲裁委员会仲裁。

第十一条　本合同如有未尽事宜，由双方共同协商补充，补充协议与本合同具有同等法律效力。

第十二条 本合同一式两份，具有同等法律效力，自双方签字之日起生效。

本合同有效期为（　　　）年，如有效期届满双方未签订新合同并继续有业务往来的，本合同延续有效。

第十三条 特别约定条款
_____
_____

甲方签字（盖章）：　　　　　　　　　　乙方签字（盖章）：
日期：_____年____月____日　　　　　日期：_____年____月____日

表单 4-7

××旅行社全陪导游出团计划书

请按社里确定的行程计划做好组织协调，保证行程按计划执行，并按国家标准提供服务。

团号			人数	大　小		全陪	人
接团标志			接团出发时间、地点				
地接导游		联系电话				车型	
地接社		联系人			联系电话		

详细行程

日期	行程（景点）	酒店	餐	自费、购物安排

游客名单

序号	姓名	性别	出生年月	备注

备注/说明

接待标准

门票	
住宿	
餐费	
交通	
其他费用	

团款合计		备用金		实领金额	

导游签字：　　　　　计调签字：　　　　　负责人签字：

表单 4-8

游客意见反馈表

尊敬的游客：

感谢您参加我社组织的旅游活动，为进一步提高我社导游服务质量，提升企业良好信誉，为广大游客提供更周到的服务，请您真实填写以下意见表，以便我社及时了解情况、改进服务，谢谢合作！

旅行社质量监督电话：×××　　　旅游投诉电话：×××

××旅行社

团队编号		团　号		目的地		
旅游时间		出游形式	散客（　）		团队（　）	

评价内容	好	较好	一般	差	评价内容	是	否
游程安排					是否签订旅游合同		
用餐质量					是否有被强迫购物或自费项目		
住宿安排					是否有景点遗漏现象		
车辆车况					导游是否索要小费和私拿回扣		
导游服务					导游（领队）是否佩戴导游证（领队证）		
司机服务					旅游过程中是否有安全提示		
总体评价					是否会再次选择本社旅游		
意见建议							

全陪导游（领队）签名：　　　　　　　　　地接导游签名：

表单4-9

××旅行社全陪日志

全程陪同		证件号码		电话	
线路名称					
团 号		出游日期		月 日至 月 日	
人 数		地 接 社		地接社导游	
司 机		其 他			

1. 团队情况说明

2. 旅游者意见、建议和对旅游接待工作的评价

3. 该团发生问题和处理情况（意外事件、旅游者投诉、追加费用等）

4. 全陪意见和建议

全陪导游签字

年　月　日

表单 4-10

出 团 通 知 书

旅游团号	
集合时间	
集合地点	
航班时间	去程 回程
接机牌	
领队信息	
导游信息	
送团人	
特别说明	
行程说明	
Day 1	
Day 2	
Day 3	
Day 4	

表单 4-11

旅行社组团费用决算单

部门		线路			
人数		导游		行程时间	月　日至 月　日
项目		单价	人数		总金额
营业收入		成人： 儿童： 老人：	成人： 儿童： 老人：		
支出费用	地接团费	成人： 儿童： 老人：	成人： 儿童： 老人：		
	去程大交通费				
	返程大交通费				
	导游补助				
	接送费				
	保险				
	包帽				
	退费				
	其他				
	支出成本合计		元		
团队利润			元		
备注					

填表计调：　　　　　　　审核经理：　　　　　　　财务复核：

表单 4-12

旅行社服务对象满意度调查表

姓名		出游时间/线路	
电话		微信	

尊敬的女士/先生：首先感谢您对本公司的信任和支持。为持续改进我们的工作，请对我们的服务质量进行评价，在相应栏目内打分，留下您宝贵的意见和建议，谢谢！

一、您对旅行社期望的服务质量　　　　　　　　　　　低　1 2 3 4 5 6 7 8 9 10　很高

二、您对旅行社服务质量的评价

1. 您对游程的安排　　　　　　　　　　　　　　不满意　1 2 3 4 5 6 7 8 9 10　很满意
2. 对本次景点的选择　　　　　　　　　　　　　不满意　1 2 3 4 5 6 7 8 9 10　很满意
3. 行程通知的及时性　　　　　　　　　　　　　不满意　1 2 3 4 5 6 7 8 9 10　很满意
4. 对行程手册的内容　　　　　　　　　　　　　不满意　1 2 3 4 5 6 7 8 9 10　很满意
5. 接送团队安排　　　　　　　　　　　　　　　不满意　1 2 3 4 5 6 7 8 9 10　很满意
6. 服务承诺履行程度　　　　　　　　　　　　　不满意　1 2 3 4 5 6 7 8 9 10　很满意
7. 与地接配合程度　　　　　　　　　　　　　　不满意　1 2 3 4 5 6 7 8 9 10　很满意
8. 对特殊服务的提供　　　　　　　　　　　　　不满意　1 2 3 4 5 6 7 8 9 10　很满意
9. 您认为上述服务需改进的地方：＿＿＿＿＿＿＿＿＿＿＿＿＿＿＿＿＿＿＿＿＿＿＿＿＿＿＿＿

三、您对本社本次导游服务的评价

1. 导游的服饰仪表　　　　　　　　　　　　　　不满意　1 2 3 4 5 6 7 8 9 10　很满意
2. 法规意识和职业道德　　　　　　　　　　　　不满意　1 2 3 4 5 6 7 8 9 10　很满意
3. 解说能力　　　　　　　　　　　　　　　　　不满意　1 2 3 4 5 6 7 8 9 10　很满意
4. 服务态度　　　　　　　　　　　　　　　　　不满意　1 2 3 4 5 6 7 8 9 10　很满意
5. 沟通协调能力　　　　　　　　　　　　　　　不满意　1 2 3 4 5 6 7 8 9 10　很满意
6. 应急处理能力　　　　　　　　　　　　　　　不满意　1 2 3 4 5 6 7 8 9 10　很满意
7. 游程安排的执行程度　　　　　　　　　　　　不满意　1 2 3 4 5 6 7 8 9 10　很满意
8. 您认为上述服务需改进的地方：＿＿＿＿＿＿＿＿＿＿＿＿＿＿＿＿＿＿＿＿＿＿＿＿＿＿＿＿

四、对交通服务的评价：

1. 车容车貌　　　　　　　　　　　　　　　　　不满意　1 2 3 4 5 6 7 8 9 10　很满意
2. 对车厢内设施　　　　　　　　　　　　　　　不满意　1 2 3 4 5 6 7 8 9 10　很满意
3. 驾驶员的服务态度　　　　　　　　　　　　　不满意　1 2 3 4 5 6 7 8 9 10　很满意
4. 驾驶员驾驶水平　　　　　　　　　　　　　　不满意　1 2 3 4 5 6 7 8 9 10　很满意
5. 驾驶员对线路的熟悉程度　　　　　　　　　　不满意　1 2 3 4 5 6 7 8 9 10　很满意
6. 车贴的清晰程度　　　　　　　　　　　　　　不满意　1 2 3 4 5 6 7 8 9 10　很满意
7. 您认为上述服务需改进的地方：＿＿＿＿＿＿＿＿＿＿＿＿＿＿＿＿＿＿＿＿＿＿＿＿＿＿＿＿

五、对餐饮质量的评价（如无此项目，可跳过不填）

1. 就餐点食品卫生　　　　　　　　　　　　　　不满意　1 2 3 4 5 6 7 8 9 10　很满意
2. 就餐环境　　　　　　　　　　　　　　　　　不满意　1 2 3 4 5 6 7 8 9 10　很满意
3. 菜品质量　　　　　　　　　　　　　　　　　不满意　1 2 3 4 5 6 7 8 9 10　很满意

续表

4. 菜品口味及特色	不满意	1 2 3 4 5 6 7 8 9 10	很满意

5. 您认为上述服务需改进的地方：_____

六、对宾馆质量的评价

1. 客房星级与合同承诺的一致性	不满意	1 2 3 4 5 6 7 8 9 10	很满意
2. 宾馆人员服务质量	不满意	1 2 3 4 5 6 7 8 9 10	很满意
3. 房间的安全性	不满意	1 2 3 4 5 6 7 8 9 10	很满意
4. 房间的卫生情况	不满意	1 2 3 4 5 6 7 8 9 10	很满意

5. 您认为上述服务需改进的地方：_____

七、对地接服务的评价（如无此项目，可跳过不填）

1. 游程的安排	不满意	1 2 3 4 5 6 7 8 9 10	很满意
2. 景点的安排	不满意	1 2 3 4 5 6 7 8 9 10	很满意
3. 地接导游的服务态度	不满意	1 2 3 4 5 6 7 8 9 10	很满意
4. 地接导游的解说能力	不满意	1 2 3 4 5 6 7 8 9 10	很满意
5. 地接导游应急能力	不满意	1 2 3 4 5 6 7 8 9 10	很满意
6. 宾馆的安排	不满意	1 2 3 4 5 6 7 8 9 10	很满意
7. 交通车辆的安排	不满意	1 2 3 4 5 6 7 8 9 10	很满意
8. 餐饮的安排	不满意	1 2 3 4 5 6 7 8 9 10	很满意

9. 您认为上述服务需改进的地方：_____

八、客服人员的服务

1. 客服人员的服务速度	不满意	1 2 3 4 5 6 7 8 9 10	很满意
2. 客服人员的服务态度	不满意	1 2 3 4 5 6 7 8 9 10	很满意
3. 客服人员服务的专业度	不满意	1 2 3 4 5 6 7 8 9 10	很满意
4. 交代注意事项周密无疏漏	不满意	1 2 3 4 5 6 7 8 9 10	很满意

5. 在出游途中，客服人员是否有通过短信或电话进行质量跟踪服务　　有□　　没有□

6. 您认为上述服务需改进的地方：_____

九、游客满意

1. 通过本次旅游对本旅行社的总体印象

2. 与其他旅行社相比你对本旅行社印象

十、请您对旅行社提出宝贵的意见或建议

表单 4-13

××旅行社客户档案

序号	姓名	性别	年龄	职业	消费习惯	回访记录

填表人：

审核人：

表单 4-14

阅读传真记录单

1. 传真来自哪个城市,哪家旅行社,发件人是谁。

2. 传真发出的日期。

3. 旅游团人数:几名游客(几名成人、几名儿童)?几名陪同?

4. 服务等级:经济、标准、豪华。

5. 线路情况:地接线路日程内容,是否需要代为设计地接路线?

6. 团队特殊要求。

7. 团队抵离时间、地点。

8. 是否需要代订返程火车票、飞机票、船票?

表单4-15

××旅行社行程确认单

××您好！现将贵社_____旅游团队的行程及价格传真与您。若无异议，请按双方约定及时给予确认。若有异议，请及时沟通。谢谢！

行程名称					
组团社			地接社		
接团时间			送团时间		
接团地点和交通			送团地点和交通		
收件人 E-mail			发件人 E-mail		
Tel		Fax	Tel		Fax
日期	行程		餐饮		住宿
			早餐 中餐 晚餐		
			早餐 中餐 晚餐		
			早餐 中餐 晚餐		
			早餐 中餐 晚餐		
旅游费用					
费用明细					
费用包括			费用不含		
结算方式			地接社银行账号		
备注说明					

经办人签字：　　　　　　　　　　　　　　　经办人签字：

　　　　　　　_____旅行社（盖章）　　　　　　　　　　_____旅行社（盖章）

　　　　　　　　　　　年　月　日　　　　　　　　　　　　　　　　年　月　日

表单 4-16

××旅行社租车确认单

甲方：_____

乙方：_____　　　　　合同编号：_____

行驶线路				
包车时间		年 月 日至 年 月 日，共 天 夜		
出发集合时间	年 月 日 时		集合地点	
返程集合时间	年 月 日 时		集合地点	
单程行驶时间			往返千米数	
高速公路通行情况	去程起点： 终点：			
	返程起点： 终点：			
团队行程				
包车费用明细				
金额	大写： 万 仟 佰 拾 元 ￥：_____			
其他费用				
超时计费标准			付款方式	
超程计费标准			付款时间	
租用车辆信息				
车辆型号			共 座（正座 个，边座 个）	
车辆牌照号			省际营运资质	□有 □无
车辆营运证号			线路牌号	
车辆保险单号			空 调	□有 □无
车辆保险期限	至 年 月 日止		座位险保额	万/位
驾驶员个人信息				
姓名			电话	
从业资格证号			驾驶证号	
身份证号				
特别约定				

甲方（签章）：　　　　经办人：　　　　　乙方（签章）：　　　　经办人：
电话：　　　　　　　　传真：　　　　　　电话：　　　　　　　　传真：
签订日期：　 年 月 日　　　　　　　　　签订日期：　 年 月 日

表单 4-17

××旅行社订房确认单

收件单位			发件单位		
收件人			发件人		
传真号			传真号		
导游	姓名：		联系电话：		
团号					
入住时间	抵达时间		离店时间		
入住标准					
早餐		含/不含	特殊要求		
付款方式					

订房人数		房间类型			房费/（元·间$^{-1}$）		早餐	
游客人数	司陪人数	标准间	单间	三人间	客人房	司陪房	含早餐	不含餐
游客共_____人，夫妇_____对，单男_____人，单女_____人								

订房回执	

	请确认！谢谢合作	负责人签字	
		发件日期	
备注	1. 以上是我社订房计划，请签字盖章后回传我社。 2. 房费根据协议按房间、人数或口头商定结算		

表单 4-18

××旅行社订餐确认单

_____饭店	联系人： 联系电话： 传真：
_____旅行社	联系人： 联系电话： 传真：

就_____（团号）旅行团（者）用餐事宜经双方友好协商一致达成如下协议：

用餐时间		人数		桌数	
菜品	热菜____道 主食____道 点心____道 汤羹____道 凉菜____道					
用餐标准		酒水饮料			
游客　　元/桌 司陪　　元/人		啤酒	白酒	碳酸饮料	果汁饮料
费用总计					
游客			司陪		
人民币（大写）：			人民币（大写）：		
费用结算	1. 甲方陪同以餐饮结算单向乙方结算每餐费用。 2. 甲方财务人员凭陪同填写的结算单核对发票向乙方结账付款				
备注	1. 全陪与客人一同用餐，按客人标准计付；与地陪一同用餐，按地陪标准计付。 2. 两小时前退餐，不收损失费。 3. 两小时内退餐，收取50%费用； 4. 订餐后未去用餐，收取100%费用（饮料不计）； 5. 保证客人抵达餐厅10分钟内上第一道菜，20分钟内上完团餐				
饭店 回执					

_____饭店（盖章）
____年____月____日

表单 4-19

××旅行社订票单

团号				组团社	
乘机日期			航班	去向	
票价	成人	2岁以下儿童	2~12岁儿童	合计	开票要求
人数					
订票日期		订票单位		订票人	
票务处 联系人			售票处 联系电话及传真		
游客名单					
传真回执					
备注					

公司名称（盖章）： 联系人：

年 月 日

表单4-20

旅行社旅客旅游意外保险合同

甲方：_____
乙方：_____

为了保证旅游者在旅游期间的人身安全和经济利益，促进旅游事业的发展，甲乙双方经友好协商，就甲方协办乙方保险业务事项达成如下协议：

一、保险对象

凡身体健康、能正常旅行参加出境（含港、澳、台地区），入境和国内团队旅游者以及随行的旅行社导游，领队均可作为被保险人，由甲方代办投保。

二、保险期间

本保险的保险期间，入境旅游者自其入境后参加旅行社安排的旅游行程开始，直至该旅游行程结束并办理完出境手续出境时止；国内旅游和出境旅游自其在约定时间登上由旅行社安排的交通工具开始，直至该次旅行结束离开旅行社安排的交通工具时止，被保险人自行终止旅行社安排的旅游行程，其保险期间至其终止旅游行程时止。

三、保险责任

按照《旅行平安保险条款》执行。

四、责任免除

按照《旅行平安保险条款》执行。

五、赔付比例

按照《旅行平安保险条款》执行。

六、投保手续

甲方每组织一个旅游团队，应在出团前向乙方办理投保手续。甲方将投保单传真至乙方专用传真机，乙方在收到甲方投保依据后，正常工作日应在当天出具承保确认书并传真给甲方，休息日及节假日在专用传真机收到旅行社传真时即自行确认，无须再发确认书。

七、保险费的结算与支付及劳务的支付

甲方为乙方代收的保险费每月结算一次。乙方在每个月5日前（节假日顺延）统计前一月保险费并通知乙方，经核对无误，甲方应在5个工作日内将款项划给乙方。乙方每月收取保险费后，按实收保险费的5%支付给甲方作为劳务报酬。

八、保险金的申请和给付

被保险人在保险期内发生本保险责任范围内的事故时，甲方应事发后3天内通知乙方，原则上在10个工作日内或结案后提供有关索赔单证（包括当地公安部门证明、医疗证明、原因、地点、估计损失或赔偿金额等），积极协助乙方处理赔付，做好事故的核查工作。乙方在责任明确、资料齐全后，应在7个工作日内按条款规定给付保险金。

九、本协议所称意外伤害是指外来的、突然的、被保险人无法预料和不可抗拒的，使被保险人身体受到剧烈伤害的事件。

十、本协议一式两份，自甲乙双方签字之日起生效，有效期_____年。有效期满。如双方无异议则继续生效。

十一、对本协议未尽事宜，经双方协商可随时修改补充，并作为本协议组成部分。

甲方（盖章）：_____　　　　乙方（盖章）：_____
代表（签字）：_____　　　　代表（签字）：_____
_____年____月____日　　　　　　　　_____年____月____日

表单 4-21

××旅行社导游接团计划书

_____导游员,特委派你接待团号为_____团队,旅游线路_____,游览天_____,人数_____人,(其中老人_____人,占床儿童_____人,不占床儿童_____人,婴儿_____人),客源地_____,团队性质(□散拼 □团队),领队_____,手机_____,请于_____月_____日_____时_____分在_____举_____旗(或客人的名字)接团。

请仔细阅读出团计划,并提前与司机及领队联系,一经签字,导游将承担由于自身过失造成的团队责任。

1. 团队信息

行程名称				出团日期		
导游		联系方式		导游证号		
车队		司机		联系方式		车牌号
导游旗		旗杆		话筒		纪念品
人数		成人		6~12岁		2~5岁
地接计调		电话			手机	
集合时间地点						
备注						

2. 主要游览行程、景点

| 日期 | 用餐地点 ||| 参观景点或项目 | 下榻饭店 | 客人用房数 ||| 司陪房 |
	早餐	中餐	晚餐	详细景点		单人	双人	三人	套间	
备注										

3. 接待标准与费用说明（请仔细填写以下内容，并在"□"内打"√"）

① 酒店	酒店：_____元/间/晚 × _____间 × _____晚 = _____元 电话：_____	付款方式：□账　□现付
	酒店：_____元/间/晚 × _____间 × _____晚 = _____元 电话：_____	付款方式：□账　□现付
	酒店：_____元/间/晚 × _____间 × _____晚 = _____元 电话：_____	付款方式：□账　□现付
	酒店：_____元/间/晚 × _____间 × _____晚 = _____元 电话：_____	付款方式：□账　□现付
	酒店：_____元/间/晚 × _____间 × _____晚 = _____元 电话：_____	付款方式：□账　□现付
② 车辆	正座_____，车型_____，设施：□空调　□话筒　□车载电视	付款方式：□账　□现付
③ 门票	门票合计：_____元/团	
④ 用餐	指定餐厅： 联系电话： 早餐_____元/人 × _____人，正餐_____元/人 × _____人	合计：_____元 付款方式：□账　□现付
合计 支出	团队支出，即①+②+③+④ = _____元（其中：现金_____元，签单_____元，共_____张） 购物返还_____元，冲账_____元，借支（大写）_____，￥_____元 借款人_____（凭签单、发票报账）　审核_____　经理_____	
备注		

4. 接团特别提示

（1）接团时仔细核对行程、人数、标准、景点、接站车次/航班、组团社名，并提前30分钟到达指定地点。

（2）送团时必须核实返程车票/机票的班次、时间，并提前1小时将游客送到指定地点。如代收余款必须提前收齐，如有变动听从公司安排切莫擅自变更；散客团必须提前分组，便于分票、分房。

（3）行程内景点/酒店/游船/商店必须提前联系，以免措手不及，产生后患，建议自募团款应急。

（4）介绍游客参加合同未经定的消费项目时，必须取得游客的书面同意并签字，不得到非公司定点商店购物；凡涉及游泳爬山等高危险项目的活动，必须坚决杜绝；突发事故要及时报警保留证据。

（5）导游讲解要语速适中，吐字清晰，带团期间，不得饮酒、赌博、言语不文明及做出有损公司形象的行为。

（6）领取任务后不得随意停团、刁难游客，更不应将个人情绪带入工作，如因个人利益而影响团队质量，或因个人原因造成团款、机、车票遗失，所引起的投诉与纠纷，造成的损失自行承担。

（7）导游必须2次桌前询问用餐情况，如菜量不足，应通知餐厅采取补救措施，团队中如有少数民族游客可以建议食用小陪餐或让餐厅安排清真菜以确保客人满意。不得擅自退餐、写餐标费用证明。

（8）提前告之游客下榻的酒店名称、导游手机号，并提示游客入住前检查房间内物品是否齐全、完好，通知前台叫早并安排好次日的早餐，协调好司机的行车路线。擅自离团或私自转团所造成的损失由导游承担，公司有权追究其法律责任

模块四　旅行社计调业务

表单 4-22

游客意见反馈表

尊敬的游客：

　　感谢您参加我社组织的旅游活动，为进一步提高我社导游服务质量，提升企业良好信誉，为广大游客提供更周到的服务，请您真实填写以下意见表，以便我社及时了解情况、改进服务，谢谢合作！

　　旅行社质量监督电话：×××　　　旅游投诉电话：×××

××旅行社

团队编号		团　号		目的地		
旅游时间		出游形式		散客（　）	团队（　）	

评价内容	好	较好	一般	差	评价内容	是	否
游程安排					是否签订旅游合同		
用餐质量					是否有被强迫购物或自费项目		
住宿安排					是否有景点遗漏现象		
车辆车况					导游是否索要小费和私拿回扣		
导游服务					导游（领队）是否佩戴导游证（领队证）		
司机服务					旅游过程中是否有安全提示		
总体评价					是否会再次选择本社旅游		
意见建议							

全陪导游（领队）签名：　　　　　　　地接导游签名：

表单 4-23

第一联　　　接待单位存根

××旅行社派团单

旅行社（盖章）：　　　　　　编号：T-×××-×××-×××××

组团社		团　号		游客来源		人　数	
抵离时间	月　　日　　时乘　　班机　　次车船从　　抵						
	月　　日　　时乘　　班机　　次车船离　　赴						
住宿安排	酒店名称：			用车安排	车型及车座：		
	房间数：				车号：		
日　期	行　程　安　排			用餐标准：早：　　午：　　晚：		购物点	
				用　餐　地　点			
月　日				早：	午：	晚：	
月　日				早：	午：	晚：	
月　日				早：	午：	晚：	
月　日				早：	午：	晚：	
月　日				早：	午：	晚：	
月　日				早：	午：	晚：	
备注							
计调员		地陪导游		接待部门		全陪导游	

××省旅游质量监督管理所

表单4-24

旅行团费用结算通知书

组团社：　　　　　　　　　（　　）年（　　）月（　　）日

团　号		操作OP		来自国家（地区）		实有人数	人
抵达时间 离开时间							
房费						核算金额	实际金额
餐费							
车费							
门票							
导服							
交通							
综费							
附加费							
合计	人民币	核算金额			美元	结算金额	
		实际金额				核定金额	
	大写金额						
备注							

开户银行：　　　　　　　　　　　　　　　　　　　　　　　复核：
账　　号：　　　　　　　　　　　　　　　　　　　　　　　年　月　日

表单 4-25

××旅行社费用结算单

本社团号		国籍		组团社	
组团社团号				人数	
团队抵离时间					

结 算 项 目	结算费用			
	天数	单价	人数	金额
1. 导游				
2. 餐费				
3. 车费				
4. 房费				
5. 自然单间				
6. 全陪房费				
7. 门票费				
8. 特殊费用				
9. 儿童费用				
10. 其他费用				
合计费用：	拾　万　仟　佰　拾　元　角　分			
开户行：				
账号				
备注				

地陪签字：　　　　　　　　　　　计调签字：

模块五

邮轮旅游服务与管理

　　好莱坞电影《泰坦尼克号》促进了国人对邮轮的初步认识，海上的庞然大物与富丽堂皇的设计，外加浪漫经典的爱情桥段，这个百年前发生在大西洋上的凄美爱情故事，让人们对邮轮产生了无限向往。当今，除了飞机、火车和汽车，邮轮已成为"第四种旅行方式"。兼具观光、休闲与度假功能的邮轮游因其个性化的服务、优越的硬件设施和丰富的娱乐活动安排成为越来越多国民选择的出游方式。与传统的旅游方式不同，邮轮旅行能让旅游者有新的旅行感受，它集合了酒店住宿、餐厅供应、休闲娱乐以及港口观光游览等活动，是海陆融合的一种旅行方式，常被形容为"海上移动城堡"或"海上移动度假村"。所到之处多为海滨城市和海岛，习惯了陆上观光的游客，可以与大海进行一次亲密接触。另外，邮轮旅行不像陆上旅游那样疲劳，也不用考虑不停更换酒店和交通工具，旅游者只需带上更为惬意的心情去领略沿途风光，真正告别"上车睡觉，下车拍照"的传统旅游模式。邮轮公司向旅客提供不同期限、不同航线的多种服务。消费者可以选择短期（比如两天）或长期（比如几周甚至几个月）的巡游。邮轮旅游的基本运营方式是以邮轮为运作平台，以航线和节点（停靠港）为运行支撑，以海陆结合式的旅游产品销售和高品位船上服务作为其收益的主要来源。邮轮的航行速度、出发的港口、停靠的旅游地、航程的期限以及停靠地之间的距离构成了整条服务航线。

项目一　邮轮客票营销

项目介绍

邮轮旅游产品对中国游客来说还是新鲜事物，人们对邮轮产品的认识还有待深入。在邮轮产品的销售过程中，设计能吸引顾客的销售文案显得尤为重要。我国目前主要实行以旅行社包船为主的销售体系，一些大的批发商从邮轮公司那里获取资源，拿取舱位，再将这些舱位分销到全国各地的零售商，再由零售商销售给游客。因为零售商的销售过程和其他旅游产品销售过程类似，所以本项目重点学习销售方案撰写和同业销售。

学习目标

➢ 1. 知识目标
（1）掌握营销文案撰写的方法；
（2）掌握营销方案制定的环节；
（3）掌握邮轮客票销售服务的技巧。
➢ 2. 能力目标
（1）能根据邮轮特点策划网络营销文案；
（2）能根据线路情况制定市场营销方案；
（3）能进行同业销售。
➢ 3. 素质目标
（1）激发专业热情，增强专业责任感和团队合作意识；
（2）培养开展工作的创新思维；
（3）提升博闻强识、融会贯通的文化底蕴。

学时安排

4 学时

工作情景描述

"十一黄金周"前期，你所在的旅行社针对"福冈长崎 6 天 5 晚"邮轮旅游产品进行了广告宣传，但市场没什么反应，负责该项目的经理一筹莫展，于是想在营销方案上做出调整，你觉得应该怎样做呢？

工作任务一　邮轮旅游产品营销策划

【任务目标】

1. 撰写网络营销方案；
2. 策划旅游线路营销方案；
3. 培养良好的语言、文字表达能力。

【实施条件】

实训室，每名学生配备一台连接互联网的计算机。

【实施过程】

环节	操作及说明	注意事项及要求
环节一	包装产品名称，增加产品出题，给整条线路一个明确的定位和概括性的说明。仔细阅读行程，抓住突出要点，撰写广告词	1. 小组同学头脑风暴，反复推敲广告词，论证之后确定。 2. 小组成员共同完成最终成果：××旅行社营销策划案
环节二	进行版面设计，插入图片，突出线路特色，增强视觉吸引力	
环节三	查阅资料，实地调研，对比不同网络媒体的优缺点，填写网络广告投放调查分析表（表单5-1），选择合适的广告投放方式并说明理由	
环节四	策划营销方案，包含以下几个内容：广告目标、创意分析、广告投放、营销活动、投放计划、预算	

课堂笔记：

工作任务二　邮轮旅游产品同业销售

【任务目标】

1. 熟悉旅行社主流邮轮旅游线路；
2. 向同业推销邮轮旅游产品；
3. 提升沟通表达能力。

【实施条件】

实训室、校企合作的旅行社。

【实施过程】

环节	操作及说明	注意事项及要求
环节一	做好相关知识准备，包括旅行社的基本情况，旅行社拥有的线路（名称、行程、接待标准、特色、报价等）	1. 小组成员共同讨论，形成洽谈方案。 2. 以小组为单位，到校企合作旅行社进行模拟推销
环节二	了解洽谈对象，主要包括客户公司的历史、现状、经济实力、经营范围、声誉及信誉	
环节三	制定洽谈方案，根据洽谈中的进退幅度和交换条件及让步情况制定出洽谈中的上策方案、中策方案和下策方案，以及洽谈中的进退幅度和交换条件	
环节四	将编制好的旅行社产品向对方宣传推销，并就对方提出有关产品方面的问题做到耐心、细致地答复，使对方很快了解产品的内容、特色、价格、购买方式、付款条件等	
环节五	旅游线路确定下来之后双方可能要进行讨价还价，为了调动同行帮助收客的积极性，往往会给予同行优惠价	
环节六	双方就产品内容、价格、购买方式、付款方式等具体问题进行讨论，达成一致意见后签订《旅行社行业委托代理合同》（表单5-2）	

工作任务三　成果汇报与考核评价

【任务目标】

1. 进行成果汇报，掌握成果汇报展示的方法并进行训练；
2. 评价各组的工作情况；
3. 评价过程中具有诚实守信、求真务实、自我总结的精神。

【实施条件】

实训室，配备多媒体设备。

【实施过程】

环节	操作及说明	注意事项及要求
环节一	以组为单位交流汇报调研成果，组与组之间提出问题，交流，师生互动。要求 PPT 展示，每组限定时间。汇报要点如下： （1）广告创意； （2）广告目标； （3）广告投放计划； （4）营销活动； （5）预算； （6）推销过程及成效	汇报过程中小组之间注意发现问题，并及时提出问题，之后大家共同讨论解决问题
环节二	学生自评、互评、小组组长点评各个组员的工作成效	
环节三	指导教师给各组评分，并进行有针对性的点评，汇总各组成果。引导学生提升博闻强识、融会贯通的文化底蕴；培养查阅资料、追根溯源的学习能力	

课堂笔记：

【考核评价】

表 5-1-1　学生自评表

考核项目：邮轮客票销售			班级：	姓名：
小组名称：			小组组长：	
小组成员：				
过程评价	完成时间		提前完成	
			准时完成	
			超时完成	
	完成质量		优秀	
			良好	
			有待改进	
结果评价	评价标准		分值	得分
	运用多种渠道主动学习相关知识、提升能力		5	
	运用多种方式搜集资讯		10	
	计划制订合理、可行		15	
	撰写营销策划案完整、有创新		30	
	能进行同业销售		30	
	团队合作		10	
总分				
学习收获：				

表 5-1-2　小组互评表

考核项目：邮轮客票销售		满分	得分
成果展示	是否全面地进行了信息的收集	10	
	是否在规定时间内完成了所要求的全部工作内容	10	
	课堂展示是否清晰流畅	20	
	营销方案合理有创新	20	
	同业销售成果显著	20	
	团队协作	10	
	回答问题	10	
总分		100	

表 5-1-3　教师评价表

考核项目：邮轮客票销售		班级：	姓名：	
小组名称：		小组组长：		
小组成员：				
评价标准		权数	检查情况	得分
1. 资讯				
（1）能正确理解任务的要求和目标		0.2		
（2）能合理运用多种方式搜集资讯		0.2		
（3）能自主获得与任务有关的新知识		0.3		
2. 计划和决策				
（1）是否参与了计划的制订		0.2		
（2）能否主动寻找解决问题的办法		0.3		
（3）制订的实施计划是否合理、可行		0.2		
3. 实施				
（1）邮轮产品营销策划	广告词有吸引力	1		
	投放渠道合理	1		
	活动参与度高	1		
	营销方案完整、可行	2		
（2）同业销售	过程有亲和力	0.5		
	成果显著	1		
	表单填写准确	0.5		
（3）成果汇报	汇报清晰、全面	0.5		
	制作精美的 PPT	0.5		
4. 检查与评价				
（1）准确实施了行动计划		0.2		
（2）成果展示的缺陷和改进措施		0.2		
（3）自我评价是否客观恰当		0.2		
总分				

拓展阅读

文案的魅力

五一，深圳首次直飞银川的包机满载 130 多位深圳游客直奔大西北。与此同时，负责该项目的国旅国内部经理也松了一口气，因为在此之前的一周，市场对这趟包机线还没什么反应，幸好最后一周形势突然变好，否则，损失不堪设想。转变的原因，除了游客临近报名的因素，很重要的一点是广告文案的改变。首先，产品名称由原来的"宁夏银川 6 日双飞团"改为"塞上江南行——宁夏 6 日双飞团"，引发消费者对宁夏银川的向往，从而勾起出行的欲望。其次，广告设计由原来的无主题变为"驼铃声声大漠行"，给整条线路一个明确的定位与概括性的性质说明；再次，对行程价值进行提炼，原来是罗列旅游节目，现在突出"第一次"的独特体验；第一次乘包机直飞宁夏，第一次骑骆驼观长河落日，第一次在沙漠绿洲万亩沙湖观鸟，第一次支持"治沙"，亲手种下一棵树。最后，在广告图形、色彩及广告媒体的选择也做了调整。

事实证明，这些调整是必要而有效的，做文案是有学问的，选择什么样的媒体，以何种形式和内容体现主题都是值得研究的。

图 5-1-1　塞上大漠行

产品文案从来都不是一项简单的工作，需要我们不断去沉淀，去提升，形成极致的专业能力。一名文案策划人员应该有以下能力和素养：

（1）具有敏锐的洞察能力，具备抓热点、数据分析、信息搜集等能力。虽说对舆论趋势的把握是关键，但是在众多趋势中也要坚持自己的价值取向。

（2）具有优秀的文案资料收集、整理、组织和编辑的能力。网上的素材资源庞杂，要有去粗取精、去芜存真的能力。

（3）文字功底强，行文讲究逻辑性，思维活跃有创意。

（4）具有较强的问题解决能力、活动策划能力、组织能力，能与其他部门的工作人员进行团队合作。

项目二 邮轮定制旅游活动策划

项目介绍

我国巨大的市场潜力吸引着国际邮轮企业纷纷进入我国抢占邮轮市场，但是邮轮产品同质化问题严重，已不能满足游客更加多元化、个性化的需求。旅游企业面临着顾客个性化的压力，需要不断创新服务模式，邮轮产品定制服务是基于邮轮所服务的目标客户群的特殊要求，为满足目标客户群而在邮轮服务和活动策划及线上观光线路定制方面所做的针对性设计。

学习目标

➤ 1. 知识目标
（1）熟练掌握邮轮旅游线路的内容；
（2）掌握邮轮活动策划的要点。
➤ 2. 能力目标
能根据游客需求定制邮轮旅游线路。
➤ 3. 素质目标
（1）激发专业热情，增强专业责任感和团队合作意识；
（2）培养开展工作时的创新思维。

学时安排

2学时

工作情景描述

奖励旅游是奖励企业在销售和工作中有突出成就的企业员工，员工视其为一种荣誉和交流的机会，因此争取努力工作，增加销量成为他们的努力方向。从此意义上说，奖励旅游可成为激励员工，协助企业达到业绩目标，提高市场占有率的动因。另一方面，许多大企业将奖励旅游作为培训和教育其员工的机会，帮助他们探究达到业绩的途径，相互交流经验，不仅提高了员工的工作热情和工作能力，对企业的发展无疑起着推动作用。某知名跨国公司的中国分公司在年终对获奖员工开展奖励旅游活动，联系到你所在的旅行社，旅行社召开会议讨论设计和开发邮轮旅游定制线路。

工作任务一　邮轮航线调研

【任务目标】

1. 了解邮轮旅游和传统旅游的区别；
2. 了解主要航线；
3. 掌握各大旅行社目前经营的旅游线路。

【实施条件】

实训室、校企合作旅行社。

【实施过程】

环节	操作及说明	注意事项及要求
环节一	通过网上查阅资料对现有的邮轮航线进行调查，调查内容如下： （1）邮轮旅游与传统旅游有哪些主要区别； （2）主要邮轮公司； （3）国外主要航线； （4）国内主要航线	教师进行协调，每组负责调研报告一部分的撰写，最后汇总成一个比较全面的调研报告
环节二	走访校企合作的旅行社，调查旅行社目前经营的邮轮旅游线路，填写邮轮旅游线路调查表（表单5-3）	

【知识链接】

请扫码阅读知识链接。

邮轮旅游

课堂笔记：

工作任务二　策划邮轮旅游活动

【任务目标】

1. 充分了解客户需求；
2. 根据客户需求策划活动安排；
3. 撰写策划方案。

【实施条件】

实训室，每名学生配备一台连接互联网的计算机。

【实施过程】

环节	操作及说明	注意事项及要求
环节一	了解客户需求（旅游目的地、出行人数、出发日期、对餐饮和住宿的要求，希望参与的活动），并做好记录，填写记录单（表单5-4）	1. 小组成员角色扮演，由两名同学扮演客户，其余同学扮演旅行社员工。 2. 设计人员分别阐述自己的策划安排，综合讨论之后确定。 3. 根据与客户的沟通，进行最后确认，完成最终成果：××公司奖励旅游邮轮主题活动
环节二	根据客户需求确定邮轮、母港和停靠港，安排岸上游览观光，策划船上活动	
环节三	撰写《××公司奖励旅游邮轮主题活动》策划方案，内容包括主题活动名称、主题活动目的、主题活动场所介绍、主题活动流程、主题活动风险管理	
环节四	与客户进行沟通，根据客户提出的要求进行更改，确定最终的策划方案	

课堂笔记：

工作任务三　成果汇报与考核评价

【任务目标】

1. 进行成果汇报，掌握成果汇报展示的方法并进行训练；
2. 评价各组的工作情况；
3. 评价过程中具有诚实守信、求真务实、自我总结的精神。

【实施条件】

实训室，配备多媒体设备。

【实施过程】

环节	操作及说明	注意事项及要求
环节一	以组为单位交流汇报调研成果，组与组之间提出问题，交流，师生互动。要求PPT展示，每组限定时间。汇报要点如下： （1）线路主题； （2）线路介绍； （3）岸上活动安排； （4）船上活动安排； （5）活动策划的独到之处	汇报过程中小组之间注意发现问题，并及时提出问题，之后大家共同讨论解决问题
环节二	学生自评、互评、小组组长点评各个组员的工作成效	
环节三	指导教师给各组评分，并进行有针对性的点评，汇总各组成果。引导学生感受中国邮轮经济的快速发展，提升学生国家荣誉感、民族自豪感、树立文化自信	

课堂笔记：

【考核评价】

表 5-2-1　学生自评表

考核项目：邮轮定制旅游活动策划			班级：	姓名：
小组名称：			小组组长：	
小组成员：				
过程评价	完成时间		提前完成	
			准时完成	
			超时完成	
	完成质量		优秀	
			良好	
			有待改进	
结果评价	项目		分值	得分
	运用多种渠道主动学习相关知识、获取能力		5	
	运用多种方式搜集资讯		5	
	计划制订合理、可行		10	
	调研过程中积极主动地获得信息		10	
	调研报告信息翔实、客观，发表个人观点		15	
	活动设计合理、创新		30	
	活动策划案能吸引客户		15	
	团队合作情况		10	
总分				
学习收获：				

表 5-2-2　小组互评表

考核项目：邮轮定制旅游活动策划		满分	得分
成果展示	是否全面地进行了信息的收集	20	
	是否在规定时间内完成了所要求的全部工作内容	20	
	课堂展示是否清晰流畅	10	
	活动策划是否合理，有创造力	30	
	团队协作	10	
	回答问题	10	
总分		100	

表 5-2-3　教师评价表

考核项目：邮轮定制旅游活动策划		班级：		姓名：
小组名称：		小组组长：		
小组成员：				
评价标准		权数	检查情况	得分
1. 资讯				
（1）能正确理解任务的要求和目标		0.2		
（2）能合理运用多种方式搜集资讯		0.2		
（3）能自主获得与任务有关的新知识		0.3		
2. 计划和决策				
（1）是否参与了计划的制订		0.2		
（2）能否主动寻找解决问题的办法		0.3		
（3）制订的实施计划是否合理、可行		0.2		
3. 实施				
（1）邮轮航线调研	搜集资料全面、高效	0.5		
	活动参与度高	1		
	调查报告资料翔实、准确	1		
	表单填写完整准确	1		
	设计文本精美	1		
（2）策划邮轮旅游活动	设计是否合理	1		
	产品不雷同，具有新颖的创意	1.5		
（3）成果汇报	汇报清晰、全面	0.5		
	制作精美的 PPT	0.5		
4. 检查与评价				
（1）准确实施了行动计划		0.2		
（2）成果展示的缺陷和改进措施		0.2		
（3）自我评价是否客观恰当		0.2		
总分				

拓展阅读

本土邮轮逐渐崛起

中国邮轮经济起步较晚，但是发展十分迅速。目前中国正在使用的国际邮轮港口有 15 个，正在规划建设及升级的邮轮港口 6 个。中国已成为亚太地区邮轮航线的重要始发港和环球航线的重要挂靠港，以中国为核心的亚洲邮轮市场已经成为全球最具成长性的市场。

中国本土邮轮产业布局	
时间	事件
2018.1	招商局集团与海门市政府签署邮轮制造极地项目协议、邮轮配套产业园项目协议、国际邮轮城合作协议三个项目落地协议
2018.3	中船集团与嘉年华集团在香港合资成立中船嘉年华邮轮公司，注册资本5.5亿元，中船集团占股60%，向嘉年华集团购买两艘现有邮轮，首艘新购进邮轮"大西洋号"，计划于2019年年底前交付
2018.3	招商局工业集团与美国SunStone Ships公司签有（4+6）艘极地探险邮轮建造合同，招商局重工（江苏）成为首家建造探险邮船的中国船
2018.11	中船集团与美国嘉年华集团、意大利芬坎蒂尼集团在首届进口博览会上正式签订（2+4）艘13.5万吨Vista级大型邮轮建造合同
2019.5.23	中旅游集团与中远海运集团合资成立星旅游轮国际有限公司，总部设在香港，并在厦门设立国内运营中心。5月23日，中旅集团与中远海运合资的邮轮品牌"星旅鸳鸯邮轮"及公司旗下首艘豪华邮轮"鼓浪屿"号正式亮相

2018年，中国在发展本土邮轮船队方面都取得了不错的进展。最值得期待的是中船集团与嘉年华集团成立邮轮船东公司，前者为中国首艘大型邮轮建造者，后者为全球最大的邮轮运营商，两者首先从在中国市场运行多年的"大西洋号"入手，市场运营成功率较高。未来随着中国各大集团布局邮轮全产业链，中国在邮轮产业中有望塑造出属于自己的民族邮轮品牌。

中国邮轮旅游行业发展趋势分析：

1. 加快集聚产业要素，延伸邮轮产业链

上游推动浦东重点发展邮轮制造，实现邮轮产业新突破；中游推进上海国际邮轮服务贸易示范基地建设，扩大产业总部经济；下游着力打造邮轮服务品牌，不断激发邮轮带动效应。鼓励各区合理布局，差异化发展船舶制造、港口服务、后勤保障、交通运输、游览观光、餐饮购物等邮轮上下游产业，加快建设成为引领长三角邮轮产业链协同创新基地。

2. 全面提升邮轮港口管理与服务水平

进一步严格管理措施、优化服务流程，着力推进上海邮轮船票试点、上海邮轮口岸诚信体系建设、长江口区邮轮气象观测数据共享平台建设、邮轮气象智能化预报预警保障系统建设、推进邮轮旅游服务贸易特色示范区创建等工作。

3. 激发市场需求，推进国际邮轮消费品集聚地建设

推动邮轮产业品牌发展，争创市级知名品牌示范区，培育邮轮服务和节庆品牌，举办"2018 Seatrade亚太邮轮大会"、上海邮轮旅游节等活动。依托海上丝绸之路建设，加快上海邮轮航线向北、向南进一步延伸，丰富邮轮旅游产品。完善邮轮产业政策体系，自上而下突破发展瓶颈。

加强与上海自贸区对接联动，为邮轮船供、维修制造、融资租赁、跨境电商、保税展示交易等关联产业发展提供政策创新载体。进一步完善邮轮产业发展政策体系，在规范市场发展、丰富邮轮航线、提升旅游体验、培育本土邮轮、降低企业经营税负等方面实现突破，不断优化营商环境。

4. 邮轮旅游获政策红利支持

国家不断出台利好政策，加大对邮轮支持力度。审批了关于加快推动上海市邮轮旅游发

展的指导意见,将上海建成具有全球竞争力的世界一流邮轮中心、邮轮母港接待量跻身世界邮轮港口第一方阵、邮轮旅游经济贡献显著增效、国际邮轮游客比例明显提升等发展目标,内容涵盖推动邮轮旅游市场培育、打造国际一流邮轮旅游产品、建立良好邮轮旅游市场秩序、提升邮轮旅游社会经济贡献等方面。

  同时,明确将在邮轮签证便利化、通关便捷化、多港挂靠、无目的地游、船票船舶供应、购置税补贴、国际邮轮注册、邮轮综合保税区、航线审批等方面,积极争取邮轮发展政策创新。

资料来源:https://www.huaon.com/story/446155,有删减

项目三　岸上观光服务

项目介绍

邮轮产品岸上观光起到了锦上添花的作用，尤其是中国游客把邮轮目的地看得很重要，而且绝大多数的中国游客到了目的地都要下船观光。在中国母港运营的邮轮，岸上旅游基本上全部由包船旅行社负责，邮轮上的旅游部主要起配合作用。当客人下船后，地接社安排相应导游手持团队号码在码头等候，与领队进行行程确认和客人信息对接后，带领客人上岸进行岸上行程游览。在整个岸上观光过程中，由领队配合地接导游一起完成任务。本项目主要学习领队的服务流程。

学习目标

➤ 1. 知识目标
（1）掌握岸上观光服务流程；
（2）熟悉领队的素质要求。
➤ 2. 能力目标
（1）能够独立进行岸上游览服务；
（2）能够组织行前说明会。
➤ 3. 素质目标
（1）激发专业热情，增强专业责任感和团队合作意识；
（2）培养开展工作的创新思维；
（3）培养尽职敬业、时刻为游客着想的服务精神。

学时安排

4 学时

工作情景描述

经过产品营销策划之后的"福冈长崎 6 天 5 晚"邮轮旅游线路收到了很好的反响，游客纷纷报名，计调部的操作人员收到了外联部发来的行程和游客名单，安排好旅游行程之后联系了领队，作为领队你需要做哪些工作呢？

工作任务一　服务准备

【任务目标】

1. 做好旅游团行前的准备工作；
2. 开好行前说明会；
3. 培养质量意识、安全意识和服务意识。

【实施条件】

实训室，每名学生配备一台连接互联网的计算机。

【实施过程】

环节	操作及说明	注意事项及要求
环节一	研究旅游团情况，包括旅游团成员的职业、姓名、性别、年龄及旅游团中的重点旅游者、需特殊照顾的对象和旅游团的特殊要求	小组成员以角色扮演的方式进行，小组内部进行互相点评纠错，为成果展示做准备
环节二	核对各种票据和证件，进行物质准备，内容如下： （1）旅游者护照和团队名单； （2）核对机票及行程； （3）准备好领队证、社旗、行李标签、联系方式等	
环节三	召开行前说明会，内容如下： （1）代表旅行社致欢迎词； （2）旅游行程说明； （3）介绍旅游目的地国家基本情况和风俗习惯； （4）讲解注意事项，落实分房等事宜	

课堂笔记：

工作任务二　全程陪同服务

【任务目标】

1. 全陪服务流程及注意事项；
2. 填写入境卡；
3. 跟踪团队；
4. 培养质量意识、安全意识和服务意识。

【实施条件】

实训室，每名学生配备一台连接互联网的计算机。

【实施过程】

环节	操作及说明	注意事项及要求
环节一	提前到达集合地点，准时集合，带领全团办理登船手续，协助行李托运	1. 小组成员每名同学均填写入境卡的各项内容，之后互相纠错并讨论填写的准确性。 2. 小组成员以角色扮演的方式进行，小组内部进行互相点评纠错，为成果展示做准备
环节二	引领游客进房间，介绍房间设施、告知客人领队房间号以便客人寻找	
环节三	提前一天通知客人第二天下船观光的集合时间和地点	
环节四	提前帮助客人填写入境登记卡（表单5-5）	
环节五	岸上观光，和地陪导游见面，向游客介绍地陪，落实食、住、行、游、购、娱各项内容。在游览过程中及时进行沟通，如遇突发情况负责协调处理	

课堂笔记：

工作任务三　离境与后续工作

【任务目标】

1. 填写离境卡；
2. 填写全陪表单；
3. 培养质量意识、安全意识和服务意识。

【实施条件】

实训室，每名学生配备一台连接互联网的计算机。

【实施过程】

环节	操作及说明	注意事项及要求
环节一	查验证件，办理海关手续，如有购物办理退税手续	小组成员以角色扮演的方式进行，小组内部进行互相点评纠错，为成果展示做准备
环节二	归国入境，接受边防检查和海关查验	
环节三	与计调交接工作，包括上交游客意见反馈表（表单5-6）、全陪日志（表单5-7）、旅游投诉记录单（表单5-8）	

课堂笔记：

工作任务四　成果汇报与考核评价

【任务目标】

1. 进行成果汇报，掌握成果汇报展示的方法并进行训练；
2. 评价各组的工作情况；
3. 评价过程中具有诚实守信、求真务实、自我总结的精神。

【实施条件】

实训室，配备多媒体设备。

【实施过程】

环节	操作及说明	注意事项及要求
环节一	以组为单位交流汇报调研成果，组与组之间提出问题，交流，师生互动，要求 PPT 展示，每组限定时间。汇报要点所示： （1）模拟行前说明会； （2）模拟岸上服务过程； （3）表单展示	汇报过程中小组之间注意发现问题，并及时提出问题，之后大家共同讨论解决问题
环节二	学生自评、互评、小组组长点评各个组员的工作成效	
环节三	指导教师给各组评分，并进行有针对性的点评，汇总各组成果。引导学生平时注意增强博闻强识、融会贯通的文化底蕴，沟通表达能力，在工作中养成诚信服务、游客至上的服务意识	

课堂笔记：

【考核评价】

表 5-3-1　学生自评表

考核项目：岸上观光服务			班级：	姓名：
小组名称：			小组组长：	
小组成员：				
过程评价	完成时间		提前完成	
			准时完成	
			超时完成	
	完成质量		优秀	
			良好	
			有待改进	
结果评价	评价标准		分值	得分
	运用多种渠道主动学习相关知识、提升能力		10	
	运用多种方式搜集资讯		10	
	计划制订合理、可行		10	
	独立填写入境卡		15	
	填写全陪各种表单		20	
	召开行前说明会		25	
	团队合作		10	
总分				
学习收获：				

表 5-3-2　小组互评表

考核项目：岸上观光服务		满分	得分
成果展示	是否全面地进行了信息的收集	10	
	是否在规定时间内完成了所要求的全部工作内容	10	
	课堂展示是否清晰流畅	30	
	表单填写	30	
	团队协作	10	
	回答问题	10	
总分		100	

表 5-3-3　教师评价表

考核项目：岸上观光服务		班级：		姓名：	
小组名称：			小组组长：		
小组成员：					
评价标准		权数	检查情况		得分
1. 资讯					
（1）能正确理解任务的要求和目标		0.2			
（2）能合理运用多种方式搜集资讯		0.2			
（3）能自主获得与任务有关的新知识		0.3			
2. 计划和决策					
（1）是否参与了计划的制订		0.2			
（2）能否主动寻找解决问题的办法		0.3			
（3）制订的实施计划是否合理、可行		0.2			
3. 实施					
（1）服务准备	准备充分	0.5			
	行前说明会有效	1			
	入境卡填写准确	1			
（2）全程陪同服务	岸上导游服务标准	1			
	全陪服务环节完整	1			
（3）离境与后续服务	全陪表单内容全面	1			
	离境卡填写准确	1			
（4）成果汇报	汇报清晰、全面	1			
	制作精美的 PPT	0.5			
4. 检查与评价					
（1）准确实施了行动计划		0.2			
（2）成果展示的缺陷和改进措施		0.2			
（3）自我评价是否客观恰当		0.2			
总分					

拓展阅读

海外领队的基本素质

1. 政治思想素质

出境领队人员要自觉处理好国家、企业、旅游者、个人之间的利益关系，要有先公后私、先人后己的高尚品格，要顾全大局。出境领队要一丝不苟地坚持"外事无小事"的原则，严格遵守法律和纪律，自觉维护国格和人格，并以自己的行动来感召和带动广大旅游者。

2. 业务技能素质

（1）具有一定的语言沟通能力；

(2) 具有旅游目的地国家（地区）的相关知识；
(3) 具有航空、出入境流程等知识；
(4) 具有独立开展工作的能力；
(5) 具有处理突发事件的能力。

3. 过硬的身体素质和心理素质

出境领队工作头绪多、任务重、压力大，因此对领队的身体和心理素质要求都比较高。

4. 文化艺术素质

具有发现美、体验美、弘扬美和创造美德修养和能力，引导旅游者在旅游过程中感知美、领悟美、享受美。

学生任务单

表单 5-1

网络广告投放调查分析表

序号	媒体形式	受众范围	时效性	与潜在顾客的相关性	预算

调查小组成员：

记录人：

汇总人：

审核人：

表单 5-2

旅行社同业委托代理合同

本合同由甲方：_____
作为组团社和乙方：_____
作为代理社，本着公平、自愿的原则，根据《旅行社条例》及其实施细则和其他相关法律、法规的规定，于_____年____月____日订立。

一、组团社和代理社的联系信息：
组团社：_____
地址：_____
邮编：_____电话：_____传真：_____
电子邮件：_____联系人：_____
代理社：_____
地址：_____
邮编：_____电话：_____传真：_____
电子邮件：_____联系人：_____

二、授权范围：
（一）招徕宣传；
（二）为旅游者提供旅游行程咨询；
（三）与旅游者签订旅游合同；
（四）收取旅游费用；
（五）向旅游者通知有关行程事项。
甲方授权委托乙方为其代理（一）、（二）、（三）、（四）、（五）（可选择删减）项旅游业务。

三、委托期限
本合同委托期限自_____年____月____日起，至_____年____月____日止。

四、委托代理费用的相关约定
_____
_____

五、团款支付方式
_____
_____

六、代理社的义务
（一）必须遵守旅游法律法规；
（二）代理社应当勤勉尽责，维护组团社的最大利益；
（三）代理社须在组团社授权范围内代理委托招徕业务，并报告有关委托事项的进展情况；
（四）代理社无权超越组团社授权行事。如果确有需要，应当由组团社另行给予明确的授权；
（五）代理社变更联系信息的，应当及时通知组团社；
（六）代理社有义务按合同约定的时间/数额向组团社支付团款；
（七）代理社须对其分支机构（分社、服务网点）的委托代理招徕旅游者事项进行监督，并向甲方承担相应法律责任。

七、组团社的义务
（一）与代理社诚实合作，向代理社如实提供与委托事项有关的资料信息；
（二）如果组团社变更联系信息，应当及时通知代理社；

（三）无论何种情况，组团社向代理社提出的要求均不得违反旅行社管理条例等法律法规的规定。

八、对旅游者的违约赔偿

在组团过程中旅游者权利、责任和义务不受委托代理的影响。出现对旅游者的违约侵权行为的，旅游产品责任由甲方承担，乙方承担委托招徕不当方面的责任。

涉及对旅游者的赔偿，按照便利旅游者和保护旅游者权益的需要，统一由乙方先行承担。甲方须在乙方垫付给旅游者的赔偿后的_____个工作日内，按照相关法律、法规及实际情况，对乙方垫付给旅游者的赔偿进行补偿。

九、保密约定

乙方对于甲方的相关信息以及资料、文件和其他情况（以下简称"客户秘密"）应当保守秘密，在未征得甲方同意的情况下，不得向任何第三方透露组团社秘密。

十、合同的解除

（一）超过本合同约定的委托期限后，甲乙双方未对委托代理事项签订新的合同，本合同自动解除。

（二）如乙方未按照本合同的约定支付团款累计延期超过_____天，甲方有权解除本协议，但应书面通知乙方。

（三）如果代理社违反本协议的约定，组团社有权解除本协议，但应书面通知代理社。

十一、其他约定

_____

_____

十二、生效条件

本合同在双方签署后，由甲方至旅游主管部门备案并获得《旅行社同业委托招徕授权书》生效。

十三、修改

本协议经双方协商一致后，可以书面方式进行修改。

十四、争议的解决

双方同意，有关本合同签订、履行而发生的任何争议，在无法通过协商解决和调解方式解决的情况下，任何一方均可向有管辖权的人民法院提起诉讼。

甲方（组团社）（签章）：　　　　　　　　　　乙方（代理社）（签章）：

表单 5-3

邮轮旅游线路调查

序号	线路名称	出发城市	天数	途经国家	航线区域	邮轮品牌

调查小组成员：
记录人：
汇总人：
审核人：

表单 5-4

了解客户需求记录单

姓名		性别		年龄		职业	
出行人数		出发日期			出游天数		
旅游目的地要求							
餐饮要求							
住宿要求							
希望参与的活动							
定制等级							
其他需求							

表单 5-5

入境登记卡

外国人入国記録　DISEMBARKATION CARD FOR FOREIGNER　外國人入境記錄 【ARRIVAL】
英語又は日本語で記載して下さい。Enter information in either English or Japanese. 請用英文或日文填寫。

氏名 Name 姓名	Family Name 姓(英文)		Given Names 名(英文)	
生年月日 Date of Birth 出生日期	Day 日 日期　Month 月 月份　Year 年 年度	現住所 Home Address 現住址	国名 Country name 國家名	都市名 City name 城市名
渡航目的 Purpose of visit 入境目的	☐ 観光 Tourism 旅遊　☐ 商用 Business 商務　☐ 親族訪問 Visiting relatives 探親　☐ その他 Others 其他目的（　　　）		航空機便名・船名 Last flight No./Vessel 抵達航班號	
			日本滞在予定期間 Intended length of stay in Japan 預定停留期間	
日本の連絡先 Intended address in Japan 在日本的聯絡處			TEL 電話號碼	

裏面の質問事項について、該当するものに✓を記入して下さい。Check the boxes for the applicable answers to the questions on the back side
到反面的提問事項，若有符合的請打勾。

1. 日本での退去強制歴・上陸拒否歴の有無
   Any history of receiving a deportation order or refusal of entry into Japan
   在日本有無被強制遣返和拒絕入境的經歷　　　☐ はい Yes 有　☐ いいえ No 無

2. 有罪判決の有無（日本での判決に限らない）
   Any history of being convicted of a crime (not only in Japan)
   有無被判決有罪的記錄（不僅限於在日本的判決）　☐ はい Yes 有　☐ いいえ No 無

3. 規制薬物・銃砲・刀剣類・火薬類の所持
   Possession of controlled substances, guns, bladed weapons, or gunpowder
   持有違禁藥物、槍炮、刀劍類、火藥類　　　　☐ はい Yes 有　☐ いいえ No 無

以上の記載内容は事実と相違ありません。I hereby declare that the statement given above is true and accurate. 以上填寫內容屬實、絕無虛假。

署名 Signature 簽名 _____

表单 5-6

游客意见反馈表

尊敬的游客：

　　感谢您参加我社组织的旅游活动，为进一步提高我社导游服务质量，提升企业良好信誉，为广大游客提供更周到的服务，请您真实填写以下意见表，以便我社及时了解情况、改进服务，谢谢合作！

　　　　　　　　　　旅行社质量监督电话：×××　　　　旅游投诉电话：×××

　　　　　　　　　　　　　　　　　　　　　　　　　　　　　　　　　　　　××旅行社

团队编号		团 号		目的地	
旅游时间		出游形式	散客（　）　团队（　）		

评价内容	好	较好	一般	差	评价内容	是	否
游程安排					是否签订旅游合同		
用餐质量					是否有被强迫购物或自费项目		
住宿安排					是否有景点遗漏现象		
车辆车况					导游是否索要小费和私拿回扣		
导游服务					导游（领队）是否佩戴导游证（领队证）		
司机服务					旅游过程中是否有安全提示		
总体评价					是否会再次选择本社旅游		
意见建议							

全陪导游（领队）签名：　　　　　地接导游签名：

表单 5-7

××旅行社全陪日志

团　　号		旅游日期		旅游线路	
接 待 社	1		2		3
导　　游	1		2		3
联系方式	1		2		3
司　　机	1		2		3
电　　话	1		2		3
车型/车牌	1		2		3

车辆：车内外设施完好□/车内外整洁干净□/不坐副座加座□/行李有摆放空间□/冷暖空调正常□

　　如未达标请注明车辆号＿＿＿＿＿＿＿＿＿＿＿＿

司机：熟悉当地路况□/主动提放行李□/行车不吸烟不接听电话□/等候耐心不催促□/及时调整车内温度□/及时清扫车内垃圾□/配合导游全陪工作□/夏天提前开启空调□

　　如未达标请注明司机姓名＿＿＿＿＿＿＿＿＿＿＿＿

酒店/星级	D1	D2	D3	D4
	D5	D6	D7	D8

硬件：按约定提供酒店□/外观整洁不陈旧□/地理位置适中因地制宜□/客房通风隔声好□/客房内设备完好床上用品干净整洁□/安全措施全□/临时更换酒店征得全体同意□

　　如不好请注明酒店名称＿＿＿＿＿＿＿＿＿＿＿＿

餐厅（中餐）	D1	D2	D3	D4	D5
	D6	D7	D8	D9	D10
餐厅（晚餐）	D1	D2	D3	D4	D5
	D6	D7	D8	D9	D10

硬件：餐厅环境整洁温馨□/停车方便安全□/空气清新干净通风□/餐具完好整洁□

其他：按要求提供用餐标准□/食品卫生菜量充足□/早餐酒店内用餐□/正餐八菜一汤□/不强加风味餐□/地陪用餐期间巡视□

　　如不好请注明餐厅名称＿＿＿＿＿＿＿＿＿＿＿＿

景点名称	1	2	3	4	5
游览时间	6	7	8	9	10

服务：不更改遗漏景点□/不压缩游览时间□/更改增加景点征得全体同意□/游览时间导游陪同□/不强推自费项目□

购物店	D1	D2	D3	D4	D5

服务：按行程安排购物店□/购物店数量为行程约定□/单点购物时间1小时内□/购物超时导游叮嘱客人上车□/不得故意延误购物时间□

地方陪同导游服务：热情周到积极主动□/语言生动内容健康□/佩戴证件手持旗帜□/技能熟练协调力强□/准时接站举社旗□/核对行程计划□/入住酒店巡查客房□/每早汇报行程安排□/核对回程交通安排□/填写《质量意见反馈表》□/不暗示索要小费□/不私改行程安排□/不乱收自费费用□/不增加购物店□

　　如不好请注明地陪姓名＿＿＿＿＿＿＿＿＿＿＿＿

续表

全陪点评详细内容
一、各旅游辅助单位提供的服务质量点评
二、行程安排合理化建议
三、团内重要客人喜好
四、其他

全陪导游签字

年　月　日

表单 5-8

××旅行社旅游投诉记录单

投诉者姓名		联系电话	
投诉收到时间		出游地点	
投诉受理时间		出游时间	
投诉主要内容			
处理结果			
游客意见与签名			
经办人		日期	

模块六

研学旅行服务与管理

在国民经济收入不断提高的同时,人们对素质教育的重视程度也不断提高,研学旅行的市场热度也在不断上升,中小学生成为未来研学旅行市场重要的目标细分群体,也是推动旅游行业发展的力量。教育部已经将研学纳入中小学生的教育改革规划,研学旅行发展前景的广阔,意味着市场对研学旅行人才的需求度也在不断增加。然而,研学旅行重要的关注点在于把研学和旅行两者有机地结合起来,研学旅行产品不再是单纯的吃、住、行、游、购、娱,更多的是植入教育文化体验的内容,研学旅行面向的是特殊的市场,也可以说是一种特殊的旅游产品。从这个意义上讲,研学旅行的操作要求与传统旅行社的操作要求相差很大,对旅行社的组织和导游讲解也有不同于传统旅游团的要求。2016年,教育部等11部门印发了《关于推进中小学生研学旅行的意见》,要求各地将研学旅行摆在更加重要的位置,推动研学旅行健康快速发展。中小学生研学旅行是由教育部门和学校有计划地组织安排,通过集体旅行、集中食宿方式开展的研究性学习和旅行体验相结合的校外教育活动。开展研学旅行,有利于促进学生培育和践行社会主义核心价值观,激发学生对党、对国家、对人民的热爱之情;有利于推动全面实施素质教育,促进书本知识和生活经验的深度融合;有利于满足学生日益增长的旅游需求,从小培养学生文明旅游意识。

项目一 研学旅行主题产品设计

项目介绍

中国自古以来,就非常重视游学对人格培养和知识形成的重要作用,"读万卷书,行万里路",更成为中国传承至今、家喻户晓的教育古训。随着人民生活水平的提高和学校办学条件的改善,研学旅行逐渐被提上教育教学的日程,成了教育界和旅游界的一个热门话题。但是,综观目前的研学旅行市场,各种"游而不学"或者干脆就把研学旅行等同于普通旅游的现象层出不穷。归根结底,还是没有真正认识到什么才是研学旅行。

游客需求调查是旅游产品设计前期必需的环节,只有更好地确定游客的需求特征才能有的放矢地设计出适应市场需求的产品。否则,产品设计只能是无源之水、无本之木。本项目以研学旅行主题为例,主要是提升学生主题旅游线路的设计能力。学生通过掌握市场调查的基本方法,能够通过游客需求市场和市场信息的分析获得有价值的旅游产品设计思路,进而设计出有针对性的研学旅行线路。

学习目标

> 1. 知识目标

(1) 熟练掌握旅行线路设计的内容和原则;
(2) 掌握研学旅游线路设计的要点。

> 2. 能力目标

能根据游客需求开发出研学旅行线路。

> 3. 素质目标

(1) 在设计旅游线路的过程中熟悉中国的历史及文化,感悟中国在经济建设和科技创新方面取得的成就,关心祖国的前途和命运,增强"四个自信";
(2) 培养追根溯源、辩证思考、创新思维的能力;
(3) 提升博闻强识、融会贯通的文化底蕴,传承中国文化的能力。

学时安排

4 学时

工作情景描述

教育部等部门2016年发布的《教育部等部门关于推进中小学生研学旅行的意见》中明确提出研学旅行的目的:落实立德树人根本任务,帮助中小学生了解国情、热爱祖国、开阔眼界、增长知识,着力提高他们的社会责任感、创新精神和实践能力。我国研学旅行在相关政策推动下获得了迅猛发展，一些旅行社也进入研学旅行这个领域，对一些旅行线路进行升级，将一些景区景点进行包装，但是大多内容简单，形式单一，走马观花地走完行程，收获并不大。为了更好地进行研学旅行线路设计，旅行社召开会议让员工献计献策，设计和开发研学旅行线路。

工作任务一　充分的调研与准备

【任务目标】

1. 选择合适的方法了解研学旅行活动中学校、家长和学生的需求；
2. 掌握设计调查问卷、分析数据的方法；
3. 熟悉调研报告撰写的基本方法；
4. 培养求真务实、追根溯源的学习能力。

【实施条件】

实训室，每名学生配备一台连接互联网的计算机，与旅行社合作的中小学校。

【实施过程】

环节	操作及说明	注意事项及要求
环节一	通过查询学校网站、公众号等方式了解并记录研学旅行活动学校的历史、特色和教学理念等	
环节二	通过访谈等方式了解并记录研学旅行活动学校对于本次研学旅游活动的期待和需求	1. 问卷设计完成后，小组内部互相试调查，互相给出修改意见，完善最终的调查问卷。 2. 小组成员共同完成最终成果：××研学旅行需求报告
环节三	通过设计问卷调查的方式了解研学旅行活动学校的学生及学生家长对研学旅行的认识和期待： 首先，完成针对家长和学生的问卷调查设计。 其次，将问卷放到调查问卷网络，完成相关网络问卷的调研过程。 最后，利用网站进行统计相关游客需求的数据，之后进行数据分析。 针对调研结果，撰写旅游需求分析报告，调研报告包括导言、正文、调研结果和附件	

课堂笔记：

工作任务二　研学旅行活动课程设计

【任务目标】

1. 掌握研学旅行的课程要素；
2. 掌握研学旅行社活动的设计原则；
3. 能设计主题特色研学旅行活动课程，并将核心素养融入其中；
4. 培养辩证思考、创新思维的能力。

【实施条件】

实训室，每名学生配备一台连接互联网的计算机。

【实施过程】

环节	操作及说明	注意事项及要求
环节一	根据学生的认知水平结合研学旅行活动学校的实际情况确定研学旅行的主题、目的和意义	1. 小组同学头脑风暴，反复推敲主题，论证之后确定。 2. 小组成员分别阐述自己的线路安排，综合讨论之后确定
环节二	基于研学旅行的主题挖掘研学资源的价值，设计课程内容，融入核心素养，选择多种学习方式	
环节三	计划研学行程，合理安排每天的课程活动，以活动为主线，突出体验实践，加强教育的生活性	
环节四	设计研学旅行评价方案，制定学生自我评价、小组评价和教师评价标准	
环节五	排查本次活动过程中可能存在的安全隐患点，针对这些高危问题做出切实有效的应急预案	

【知识链接】

请扫码阅读知识链接。

研学旅行课程设计

工作任务三　设计学生研学手册

【任务目标】

1. 掌握研学手册的主要内容；
2. 能设计学生研学手册；
3. 培养良好的语言、文字表达能力，联系实际的精神；
4. 培养质量意识、安全意识、信息素养、创新思维。

【实施条件】

实训室，每名学生配备一台连接互联网的计算机。

【实施过程】

环节	操作及说明	注意事项及要求
环节一	编写研学手册行前部分，主要包括前言概要、安全预案、出行指南和知识储备四个部分	1. 活动以学生分组的形式进行，小组成员注意分工协作，各司其职，按时完成任务。 2. 小组成员共同完成最终成果：××旅行社学生研学手册
环节二	编写研学手册行中部分，包括每日行程、课程模块和拓展创作三个部分	
环节三	编写研学手册行后部分，包括研学游记、拓展学习、研学报告、参考文献和研学评价五个部分	
环节四	对文档进行润色，注意版面设置简洁、清晰、整齐，内容翔实，用词准确、适当，不夸张，不啰唆	

课堂笔记：

工作任务四 成果汇报与考核评价

【任务目标】

1. 进行成果汇报,掌握成果汇报展示的方法并进行训练;
2. 评价各组的工作情况;
3. 评价过程中具有诚实守信、求真务实、自我总结的精神。

【实施条件】

实训室,配备多媒体设备。

【实施过程】

环节	操作及说明	注意事项及要求
环节一	以组为单位交流汇报调研成果,组与组之间提出问题,交流,师生互动。要求 PPT 展示,每组限定时间。汇报要点如下: (1) 研学主题和目标; (2) 课程设计; (3) 行程安排; (4) 课程评价; (5) 安全管理	汇报过程中小组之间注意发现问题,并及时提出问题,之后大家共同讨论解决问题
环节二	学生自评、互评、小组组长点评各个组员的工作成效	
环节三	指导教师给各组评分,并进行有针对性的点评,汇总各组成果。引导学生设计旅游线路过程中考虑中小学生年龄特点,做到以人为本、游客至上,同时注重中国传统文化和民族精神的传承	

课堂笔记:

【考核评价】

表 6-1-1　学生自评表

考核项目：研学旅行主题产品设计			班级：	姓名：
小组名称：			小组组长：	
小组成员：				
过程评价	完成时间		提前完成	
			准时完成	
			超时完成	
	完成质量		优秀	
			良好	
			有待改进	
结果评价	评价标准		分值	得分
	运用多种渠道主动学习相关知识、获取能力		10	
	运用多种方式搜集资讯		10	
	计划制订合理、可行		10	
	问卷设计是否合理，调查结果是否具有研究价值		15	
	课程设计合理		15	
	安全管理考虑全面		10	
	能制定研学旅行指导书		20	
	团队合作		10	
总分				
学习收获：				

表 6-1-2　小组互评表

考核项目：研学旅行主题产品设计		满分	得分
成果展示	是否全面地进行了信息的收集	10	
	是否在规定时间内完成了所要求的全部工作内容	10	
	课堂展示是否清晰流畅	10	
	课程设计是否合理	30	
	安全预案全面	20	
	团队协作	10	
	回答问题	10	
总分		100	

表 6-1-3 教师评价表

考核项目：研学旅行主题产品设计		班级：		姓名：
小组名称：		小组组长：		
小组成员：				
评价标准		权数	检查情况	得分
1. 资讯				
（1）能正确理解任务的要求和目标		0.2		
（2）能合理运用多种方式搜集资讯		0.2		
（3）能自主获得与任务有关的新知识		0.3		
2. 计划和决策				
（1）是否参与了计划的制订		0.2		
（2）能否主动寻找解决问题的办法		0.3		
（3）制订的实施计划是否合理、可行		0.2		
3. 实施				
（1）充分的调研与准备	结构合理、类型全面	0.5		
	数据真实可信，为后一步产品设计提供有价值依据	1		
（2）研学旅行活动课程设计	合理	1		
	产品不雷同，具有新颖的创意	0.5		
	安全预案全面、可行	2		
（3）设计学生研学手册	线路设计文本精美、实用	1		
（4）成果汇报	汇报清晰、全面	1		
	制作精美的 PPT	1		
4. 检查与评价				
（1）准确实施了行动计划		0.2		
（2）成果展示的缺陷和改进措施		0.2		
（3）自我评价是否客观恰当		0.2		
总分				

拓展阅读

初中生变身"鲁班"？这个学校劳动教育有点不一样

画线、锯割、刨削、锯凿、装配连接、表面处理……今日，在长沙市中雅培粹学校，2008 班的学生们纷纷变身"鲁班"，用钢卷尺、台钳、墨斗上了一堂"木工课"。"希望学生在木作制作中体会木工中蕴含的力学、美学、数学和哲学智慧。"该校校长龚玉刚告诉记者，学校与湖南雨花非遗馆联合打造的"中雅培粹校园木构传承工坊"正式上线后，学生们非常享受这堂课。

"今天做的是'倍力桥'。" 2008 班学生贺逸龙告诉记者，他的面前摆着直尺、角尺、锯子等工具，还有一段做过标记的木头，"小时候在老家用锯子锯过竹子，是做玩具，当时觉得很好玩，但不会专业操作。现在学校有这门必修课，就可以在课堂上跟着老师做了"。记者发现，在桌上摆放着"劳动必修课学习手册"，里边记录着这节课的实践任务、所使用的工具、过程，以及老师考核评价和自我评价。

图 6-1-1　木工课

"木工工艺是一门传统而又古老的工艺，要掌握它的技巧和精髓，不是一件容易的事情。8 小时的课程设置是为了保证木工课堂的连续性，也给予学生更多的实操时间，让他们沉下心来，感受木工工艺背后所蕴含的精益求精、追求卓越的工匠精神。"雨花非遗馆的肖洪波老师表示。据悉，木构传承工坊自 3 月 15 日建成投入使用以来，已完成了 8 个班四百余学生的初课堂教学任务。目前，学校每周开设木工课 4 天，初一年级按班序进行上课，每班每次上课时间为 8 小时，授课内容为传统木工工具的使用以及木质构造作品制作。

"我们要为学生输出更优质的体验课堂，为学生打造更好的体验环境。"长沙市雨花区非遗馆馆长邓运姣表示，本次联合打造木构传承工坊是在劳动教育课程体系建设上的一次成功探索。未来，非遗馆也将不断完善传统木工课程体系建设，让木工课程成为劳动教育课程新亮点。记者了解到，自 2017 年到 2020 年，学校与湖南雨花非遗馆积极开展"校馆合作"，从单个班级在非遗馆体验非遗项目，到以年级为单位开展非遗特色主题研学活动，再到学校利用综合实践课程引进了湖南雨花非遗馆的"面塑、棕编、陶笛、茶艺、花艺、剪纸"等社团课程进校园。龚玉刚表示，"中雅培粹校园木构传承工坊"正式落地后，将非遗中蕴含工匠精神的"木工课程"作为学生每期必修一次劳动创造"新课程"，希望木工工艺课程为学校劳动课程体系的实施加持，培养出更多具有劳动创造力、工匠精神的学生。

资料来源：三湘都市报，2021 年 4 月 2 日新闻，有删减

项目二 线路销售

项目介绍

客源是旅行社的生命线，旅行社能否获得足够的客源关系着旅行社的生存和发展。旅行社外联销售人员的一个重要任务就是开拓客源市场，建立稳定的客户关系。外联人员需要通过各种渠道寻找潜在客户，争取合作机会，向客户推销旅行社已有的旅游线路，进行业务洽谈，签订合同。同时，还要将客户意见及时反馈给旅行社，以便旅行社根据市场需求变化不断更新和完善其产品体系。

学习目标

➢ 1. 知识目标
（1）掌握销售人员寻找客户的途径；
（2）掌握销售准备工作主要内容；
（3）掌握首次拜访客户的技巧。
➢ 2. 能力目标
（1）能为客人介绍旅行社产品；
（2）能解决客户异议，完成谈判。
➢ 3. 素质目标
（1）懂得倾听客户的需求；
（2）懂得沟通并学会为人着想；
（3）培养有良好的语言、文字表达能力和沟通能力，言谈举止得体。

学时安排

2 学时

工作情景描述

你昨天从一个朋友处得知某学校打算组织学生进行研学旅行，并从朋友处获得了该校负责人的联系方式。你立即与负责人通了电话，表示希望承办这次旅游业务，并约定今天上午到其办公室细谈。你在自己办公室打开计算机，调出昨晚在家准备好的旅游线路初步设计文档，找了一些补充资料进行修改打印成书面文件，将其放入精致的文件夹，满怀信心地出门了。接下来你该怎么做呢？

工作任务一　准备工作

【任务目标】

1. 熟悉旅行社的线路；
2. 做好上岗前的准备工作；
3. 熟悉服务礼仪和行业规范。

【实施条件】

实训室，每名学生配备一台连接互联网的计算机。

【实施过程】

环节	操作及说明	注意事项及要求
环节一	仪容仪表准备：着衬衫、西裤、皮鞋，女生佩戴领结或者丝巾，男生佩戴领带。发型整洁、干净，不遮挡脸部，女生可适当化淡妆	小组成员分别阐述自己的洽谈方案，综合讨论之后确定
环节二	做好相关知识准备，包括旅行社的基本情况，旅行社拥有的线路（名称、行程、接待标准、特色、报价等），行业中其他旅行社同一条线路的情况	
环节三	了解洽谈对象，主要包括客户的需求特点、性质、所在机构情况、购买风格等	
环节四	制定洽谈方案，根据洽谈中的进退幅度和交换条件及让步情况制定出洽谈中的上策、中策和下策方案，以及洽谈中的进退和交换条件	

课堂笔记：

工作任务二　业务洽谈

【任务目标】

1. 通过洽谈实现有效沟通；
2. 推介旅游产品；
3. 培养诚信服务、用户至上的意识。

【实施条件】

实训室，每名学生配备一台连接互联网的计算机。

【实施过程】

环节	操作及说明	注意事项及要求
环节一	将编制好的旅行社产品向对方宣传推销，并就对方提出有关产品方面的问题做到耐心、细致地答复，使对方很快了解产品的内容、特色、价格、购买方式、付款条件等	小组成员以角色扮演的方式进行，选取两名同学分别扮演推销人员和客户，小组内部进行互相点评纠错
环节二	认真听取顾客建议，并按照其需求修改线路，再根据新修改的旅游线路进行报价	
环节三	旅游线路确定下来之后双方可能要进行讨价还价，为了促进交易尽快达成，旅行社洽谈人员可以在维护旅行社合理利润的前提下给予一定的让利	

课堂笔记：

工作任务三　协助客人办理手续

【任务目标】

1. 协助客人签订合同；
2. 告别客人；
3. 具有诚信服务、用户至上的意识。

【实施条件】

实训室，每名学生配备一台连接互联网的计算机。

【实施过程】

环节	操作及说明	注意事项及要求
环节一	双方就产品内容、价格、购买方式、付款方式等具体问题进行讨论，达成一致意见	小组成员以角色扮演的方式进行，选取两名同学分别扮演推销人员和客户，小组内部进行互相点评纠错
环节二	向客户解释合同相关条款，协助客户完整、准确、清晰填写合同（表单6-1）内相关条款	
环节三	再次核查合同文本、行程单、安全告知书和补充条款，确认无误后双方签名	

课堂笔记：

工作任务四　成果汇报与考核评价

【任务目标】

1. 进行成果汇报，掌握成果汇报展示的方法并进行训练；
2. 评价各组的工作情况；
3. 评价过程中具有诚实守信、求真务实、自我总结的精神。

【实施条件】

实训室，配备多媒体设备。

【实施过程】

环节	操作及说明	注意事项及要求
环节一	以组为单位模拟展示上门推销服务的全过程，组与组之间提出问题，交流，师生互动，每组限定时间。汇报要点如下： （1）流程完整； （2）服务礼仪标准； （3）产品推荐合理； （4）合同填写正确	汇报过程中小组之间注意发现问题，并及时提出问题，之后大家共同讨论解决问题
环节二	学生自评、互评、小组组长点评各个组员的工作成效	
环节三	指导教师给各组评分，并进行有针对性的点评，汇总各组成果。引导学生总结业务洽谈过程中需要注意的服务礼仪和职业素养，培养学生诚信服务、游客至上的服务意识	

课堂笔记：

【考核评价】

表 6-2-1　学生自评表

考核项目：线路销售			班级：	姓名：
小组名称：			小组组长：	
小组成员：				
过程评价	完成时间		提前完成	
			准时完成	
			超时完成	
	完成质量		优秀	
			良好	
			有待改进	
结果评价	评价标准		分值	得分
	运用多种渠道主动学习相关知识、获取能力		10	
	运用多种方式搜集资讯		10	
	计划制订合理、可行		10	
	服务准备工作完善		20	
	掌握服务环节的要点		20	
	指导客户填写合同		20	
	团队合作		10	
总分				
学习收获：				

表 6-2-2　小组互评表

考核项目：线路营销		满分	得分
成果展示	是否全面地进行了信息的收集	20	
	是否在规定时间内完成了所要求的全部工作内容	20	
	服务展示流畅，仪容仪表、语言表达符合服务礼仪规范	40	
	团队协作	10	
	回答问题	10	
总分		100	

表 6-2-3　教师评价表

考核项目：线路营销　　　　　　班级：　　　　　　姓名：
小组名称：　　　　　　　　　　　小组组长：
小组成员：

评价标准	权数	检查情况	得分
1. 资讯			
（1）能正确理解任务的要求和目标	0.2		
（2）能合理运用多种方式搜集资讯	0.2		
（3）能自主获得与任务有关的新知识	0.3		
2. 计划和决策			
（1）是否参与了计划的制订	0.2		
（2）能否主动寻找解决问题的办法	0.3		
（3）制订的实施计划是否合理、可行	0.2		
3. 实施			
（1）准备工作　全面认真	0.5		
（1）准备工作　仪容仪表得体	0.5		
（2）业务洽谈　熟悉旅游产品内容	1		
（2）业务洽谈　推荐合理	0.5		
（3）协助客人办理手续　结果有效	1		
（3）协助客人办理手续　协助客人签订合同	1.5		
（4）服务展示　流畅完整	2		
（4）服务展示　礼仪规范	1		
4. 检查与评价			
（1）准确实施了行动计划	0.2		
（2）成果展示的缺陷和改进措施	0.2		
（3）自我评价是否客观恰当	0.2		
总分			

拓展阅读

小细节大文明：合同协议签订礼仪篇

在经济活动中，买卖双方为了严肃及约束起见，达成成交意向后都应签订合同或协议。合同和协议具有法律效力，受法律保护，任何一方违背合同都要受到法律制裁。同样，合同协议签订过程中的礼仪也是必须遵守的。

1. 平等互利协商一致，明确双方权利义务

一般来说，签订合同和协议都必须本着平等互利、协商一致的原则，双方权利义务明确清楚，必要时还应加上附件说明。

2. 歧义之处务必写清，一旦签字不得违约

签订合同和协议时务必将易产生歧义之处写清注明，避免后续造成不必要的麻烦。经过严肃认真考虑和论证后方可正式举行签字仪式，一旦签字就要认真履行、不得违约。

3. 预先确定参加人员，签字人员身份对等

举行签字仪式前，有关各方应预先确定好参加人员。客方尤其要将自己一方出席签字仪式的人数提前通报给主方，以便主方安排。双方签字人的身份应该大致对等，其他出席签字仪式的陪同人员，基本上是双方参加谈判的全体人员，按一般礼貌做法，人数最好大体相等。

4. 衣着整洁守时有礼，握手致意依次退场

无论是签订合同还是协议，双方都必须衣着整洁，遵守时间，以礼相待。仪式后双方要起立互相握手致意。双方最高领导者及客方人员先行退场，然后东道主再退场。

5. 签字多采用轮换制，先签己方保留文本

签字人在由己方保留合同或协议文本上签字时，按惯例应当名列首位，因此签字人应首先签署己方保存合同或协议文本，然后交由他方签字人签字，礼仪上称为"轮换制"。

不积跬步无以至千里；不积小流无以成江海。文明细节虽小却是"天大的小事"，唯有从点滴小事做起，我们才能让文明在全社会蔚然成风，文明才能真正成为一种感染力、凝聚力、推动力，进而升华为一种城市的名片，一种国家的形象，一种民族的精神。

资料来源：https：//www.sohu.com/a/242 860 377_ 99 960 371，有删减

项目三　研学旅行线控操作

项目介绍

研学旅行重要的关注点在于把研学和旅行两者有机地结合起来，研学旅行产品不再是单纯的吃、住、行、游、购、娱，更多的是植入教育文化体验的内容，研学旅行面向的是特殊的市场，也可以说是一种特殊的旅游产品。从这个意义上讲，研学旅行的操作要求与传统旅行社的操作要求相差很大，对旅行社的组织也有不同于传统旅游团的要求。

学习目标

➢ 1. 知识目标
（1）掌握研学旅行计调操作的流程；
（2）熟悉研学旅行计调业务操作的技巧及原则。
➢ 2. 能力目标
（1）能进行研学旅行操作；
（2）能制定安全预案。
➢ 3. 素质目标
（1）培养较强的团队合作意识和与人沟通交往的能力；
（2）树立顾客至上、质量第一的良好职业道德意识；
（3）养成事无巨细的工作作风。

学时安排

4 学时

工作情景描述

作为计调部的员工，你收到外联部发来的行程和具体事宜，辅助安排某小学 2 天 1 夜的研学旅行，你该怎么做呢？

工作任务一　研学旅行行前安排

【任务目标】

1. 掌握行前需落实的内容；
2. 能编写家长告知书；
3. 能独立进行安全教育；
4. 培养质量意识、安全意识、信息素养、创新思维。

【实施条件】

实训室，每名学生配备一台连接互联网的计算机。

【实施过程】

环节	操作及说明	注意事项及要求
环节一	向家长发放"家长告知书"，向家长介绍行程安排、课程内容、责任说明、缴费事宜等	1. 小组成员每名同学均填写各项表单，之后互相纠错并讨论填写的准确性。 2. 小组成员共同完成最终成果：家长告知书。 3. 以小组为单位讨论如何为学生进行行前安全教育，并为汇报展示做准备
环节二	委派专人召开学生行前说明会，进行安全教育、研学活动要求、文明行为教育、评价方案等	
环节三	旅行社委派安全员、随团导游、辅导员，提醒校方委派专职老师。进行随行教师动员，明确教师责任分工，填写分工表（表单6-3）	
环节四	进行学生活动分组、乘车分组、就餐分组和宿舍分组，确定分组名单	
环节五	准备物料，通常按照参加人数的120%进行准备，填写物料表（表单6-4）	

课堂笔记：

工作任务二　团队返回后的报账归档

【任务目标】

1. 团队结束后填写决算单，财务报账；
2. 整理组团业务归档；
3. 建立客户档案；
4. 养成事无巨细的工作作风。

【实施条件】

实训室，每名学生配备一台连接互联网的计算机。

【实施过程】

环节	操作及说明	注意事项及要求
环节一	组织年级汇报活动，通过小组总结、作品创作等形式帮助学生梳理研学过程中的收获，并对优秀成果进行奖励	
环节二	团队结束后，要求导游凭各发票原始单据及时报账。然后根据团队发生的费用填写《地接费用结算单》（表单6-5）向财务报账	1. 小组成员每名同学均填写结算单，互相纠错并讨论填写的准确性。 2. 研学计调归档与地接社接团业务档案文件整理要求一致，可以不展开练习。 3. 分别通过电话、网络和上门的方式进行回访，模拟客户回访过程，小组内部进行互相点评纠错
环节三	将团队操作的原始单据及与组团社往来的各种文件整理归档。文件如下： （1）双方旅行社团队确认单； （2）接团行程计划单（电子行程单）； （3）与下一行程地区旅行社团队确认单； （4）订房确认单； （5）订车确认单； （6）导游接团任务工作单； （7）结算单； （8）服务质量反馈表； （9）旅游安全相关材料（如保险单据等）； （10）相关材料	
环节四	对老师和家长进行回访，填写《研学旅行回访单》（表单6-6），收集老师、家长对于研学旅行产品的意见和建议	

工作任务三　成果汇报与考核评价

【任务目标】

1. 进行成果汇报，掌握成果汇报展示的方法并进行训练；
2. 评价各组的工作情况；
3. 评价过程中具有诚实守信、求真务实、自我总结的精神。

【实施条件】

实训室，配备多媒体设备。

【实施过程】

环节	操作及说明	注意事项及要求
环节一	以组为单位交流汇报成果，组与组之间提出问题，交流，师生互动。要求 PPT 展示，每组限定时间。汇报要点如下： （1）研学旅行操作流程； （2）业务档案展示； （3）模拟安全教育	汇报过程中小组之间注意发现问题，并及时提出问题，之后大家共同讨论解决问题
环节二	学生自评、互评、小组组长点评各个组员的工作成效	
环节三	指导教师给各组评分，并进行有针对性的点评，汇总各组成果。引导学生时刻具有安全意识和质量意识	

课堂笔记：

【考核评价】

表 6-3-1 学生自评表

考核项目：研学旅行线控操作		班级：	姓名：
小组名称：		小组组长：	
小组成员：			
过程评价	完成时间	提前完成	
		准时完成	
		超时完成	
	完成质量	优秀	
		良好	
		有待改进	
结果评价	评价标准	分值	得分
	运用多种渠道主动学习相关知识、获取能力	10	
	运用多种方式搜集资讯	10	
	计划制订合理、可行	10	
	完成表单填写	20	
	业务档案归档	20	
	安全教育	20	
	团队合作情况	10	
总分			
学习收获：			

表 6-3-2 小组互评表

考核项目：研学旅行线控操作		满分	得分
成果展示	是否全面地进行了信息的收集	10	
	是否在规定时间内完成了所要求的全部工作内容	10	
	课堂展示是否清晰流畅	20	
	表单填写	20	
	安全预案	20	
	团队协作	10	
	回答问题	10	
总分		100	

表 6-3-3 教师评价表

考核项目：研学旅行线控操作		班级：		姓名：
小组名称：		小组组长：		
小组成员：				
评价标准		权数	检查情况	得分
1. 资讯				
（1）能正确理解任务的要求和目标		0.2		
（2）能合理运用多种方式搜集资讯		0.2		
（3）能自主获得与任务有关的新知识		0.3		
2. 计划和决策				
（1）是否参与了计划的制订		0.2		
（2）能否主动寻找解决问题的办法		0.3		
（3）制订的实施计划是否合理、可行		0.2		
3. 实施				
（1）研学旅行行前安排	行程安排	1.5		
	表单填写规范仔细	1		
	掌握研学计调流程	1		
	安全预案全面	0.5		
（2）报账总结	规范正确	0.5		
	归档完整	0.5		
（3）成果汇报	汇报清晰、全面	2		
	制作精美的 PPT	1		
4. 检查与评价				
（1）准确实施了行动计划		0.2		
（2）成果展示的缺陷和改进措施		0.2		
（3）自我评价是否客观恰当		0.2		
总分				

拓展阅读

研学旅行，安全不是说说而已

2018 年 11 月 8 日，安徽一小学生在由学校组织、阜阳市快乐假日旅行社带队的研学旅行中，在江苏宿迁"项王故里"景区被一个石质灯具砸中，经医治无效身亡。2019 年 7 月 22 日，24 名乘坐北京西开往重庆西 Z95 次列车的研学旅行学生出现呕吐、恶心、腹痛等症状，经卫生部门初步诊断，为细菌性集体食物中毒。后续又有 15 名学生发病。这些研学旅行事故都轰动一时，现在提起仍让研学届心有戚戚。研学事故一旦发生，社会就会给研学机构打上极恶劣的标签，也会给本来就不理解研学旅行教育的家长带来更深的误解。

近些年，研学旅行如火如荼。然而，透过热闹和喧嚣，如何解决日渐凸显的安全问题已经成为能否成就千亿市场的关键所在。给学生创造安全、温馨的学习环境是非常重要的。研学旅行是教育教学的一门必修课程，但是其各方面的构建还不够成熟，所以，亟须探索科学的安全保障体系来保障研学旅行的顺利进行，确保研学旅行朝着安全化方向发展。

2016年，教育部等11部门印发《关于推进中小学生研学旅行的意见》（简称《意见》）。《意见》中指出："研学旅行要坚持安全第一，建立安全保障机制，明确安全保障责任，落实安全保障措施，确保学生安全。"《意见》在要求"各地要制定科学有效的中小学生研学旅行安全保障方案，探索建立行之有效的安全责任落实、事故处理、责任界定及纠纷处理机制，实施分级备案制度，做到层层落实，责任到人。教育行政部门负责督促学校落实安全责任，审核学校报送的活动方案（含保单信息）和应急预案。学校要做好行前安全教育工作，负责确认出行师生购买意外险，必须投保校方责任险，与家长签订安全责任书，与委托开展研学旅行的企业或机构签订安全责任书，明确各方安全责任。旅游部门负责审核开展研学旅行的企业或机构的准入条件和服务标准。交通运输部门负责督促有关运输企业检查学生出行的车、船等交通工具。公安、食品药品监管等部门加强对研学旅行涉及的住宿、餐饮等公共经营场所的安全监督，依法查处运送学生车辆的交通违法行为。保险监督管理机构负责指导保险行业提供并优化校方责任险、旅行社责任险等相关产品"。

综上所述，研学旅行的安全问题是一项长期存在的问题，我们必须时刻保持高度警惕。研学旅行的顺利开展必须首先解决研学旅行的安全问题，这对我们来说是个巨大的挑战。建立一个科学、合理、规范的研学旅行安全保障系统，是研学旅行健康、持续发展的根本保障。

资料来源：https://www.sohu.com/a/358673257_120145897?scm=1002.44003c.18301e6.PC_ARTICLE_RE，有删减

学生任务单

表单 6-1

研学旅行合同书

主办单位（甲方）：_____

承办单位（乙方）：_____

为积极推进素质教育，提高青少年的精神素养，根据国家相关法律法规、遵循平等、自愿、公平和诚实信用的原则，双方就组织学生研学旅行有关事项协商一致，共同达成如下协议：

一、合同概况：

1. 研学旅行时间：20____年_____月_____日_____时至20年_____月_____日_____时。

2. 研学旅行路线：_____

3. 研学旅行人数：学生_____名，甲方随行领导、教师共_____名。

4. 乙方指派人员：项目经理1名，安全组长1名，医护人员1名，环保人员1名，研学导师_____名，安全员_____名，安全车1台（含司机），大巴车_____台（含司机）。

二、合同单价：

1. 合同金额为_____元/人×_____人=_____元（大写金额：_____）

2. 最终结算价按报价清单实际履行项目为准，原则上只减不增。

三、付款方式：_____

四、合同文件构成：

1. 本合同与下列文件一起构成合同文件。

（1）招标、投标文件；

（2）研学旅行安全预案；

（3）研学旅行施行方案；

（4）研学旅行课程手册中的行程表；

（5）报价清单及服务内容；

（6）行程中的变更协议。

2. 合同文件内容如有冲突时，以最后时间签订的内容为准。

五、甲方的权利与义务

1. 甲方保证其所提供的证件和信息真实有效。

2. 研学旅行期间，活动时间较长，活动量较大，甲方应保证身体状况适合参加研学旅行活动。如甲方存在糖尿病、哮喘、心脏病、癫痫症、过敏症、传染病、晕动症、精神疾病等各类不适合参加研学旅行的疾病，或属于不适合参加研学旅行的特殊体质，必须提前告知乙方详细信息，经乙方同意并签订特殊版本的家长协议后方可参加。若因甲方隐瞒上述疾病导致在研学过程中学生发生突发事故的，乙方不承担责任。相关费用及法律责任由甲方自行承担。

3. 甲方应当遵守研学旅行活动规则，遵守活动及作息纪律，不得擅自离队。

4. 因甲方故意或过失造成他人人身、财产损失的，甲方承担全部赔偿责任，若导致乙方承担连带责任的，乙方有权向甲方追偿。

5. 甲方应积极参与研学旅行活动，并在自身能力范围内保护自身人身安全，妥善管理自己的行李物品，集体出行，按时作息。

6. 为保证学生安全及行程顺利，甲方所在学校委派带队领导1名，甲方授权带队领导就行程变更事项与乙方进行协商，做出现场决策。

六、乙方的权利与义务

1. 乙方依照《研学旅行课程手册》中的行程表履行义务及时预订各项服务，确保行程顺利进行。
2. 乙方承诺按照本协议第四条注明的所有文件内容中所有由乙方履行的全部义务。

七、安全责任

1. 乙方应设计具体可行的行程、组织活动、乘坐交通工具、人身保险等方面的安全预案，并提供符合安全标准的各项研学旅行活动的资源设施，做好研学旅行疾病预防和日常安全提醒，尽量避免重大医疗事件和财产损失事件。
2. 由于乙方的过失，致使甲方的合法权益遭受侵害的，乙方应承担相应的责任。但下列情况除外：
   （1）甲方违反法律法规、公共行为准则，实施按其年龄和认知能力应当知道具有危险性的行为；
   （2）甲方行为具有危险性，乙方已经做出安全提示并及时劝阻，但甲方不听劝阻、拒不改正；
   （3）甲方知道有特异体质，或者患有特殊疾病，但未提前告知乙方；
   （4）甲方严重违反研学旅行活动纪律或者由于自身体质原因产生的伤病治疗及相关费用。

八、不可抗力

1. 不可抗力指不能预见、不能避免且不能克服的客观情况，包括但不限于因自然原因和社会原因引起的自然灾害（台风、雷电、暴雨、泥石流等）、战争、恐怖活动、动乱、骚乱、罢工、突发公共卫生事件、火车停运、景区限流、大学校园暂时封闭、政府部门暂停部分研学活动地点的开放或暂停集体外出活动等。
2. 行程中因不可抗力或意外事件影响研学旅行行程或服务标准的，乙方应当采取补救措施减少损失，未采取补救措施的，应当承担相应的赔偿责任。乙方采取的补救措施应征求甲方的意见；无法形成多数意见或因情况紧急无法征求意见的，由乙方本着学生利益最大化的原则自行决定，但应当就发生不可抗力、意外事件的情况以及据以做出的决定提供必要的说明或证据。因采取补救措施而增加的费用由甲方承担，节省的费用应当退还甲方。
3. 受到不可抗力影响的一方，应尽可能地采取合理的行为减轻不可抗力对履行本合同的影响。因不可抗力影响研学旅行行程的，按照下列情形处理：
   （1）合同不能继续履行的，甲方和乙方均可以解除合同。合同不能完全履行的，乙方经向甲方做出说明，可以在合理范围内变更合同；甲方不同意变更的，可以解除合同。
   （2）合同解除的，乙方应当在扣除实际支出的费用后，将余款退还甲方；合同变更的，因此增加的费用由甲方承担，减少的费用退还甲方。
   （3）危及甲方人身、财产安全的，乙方应当采取相应的安全措施，因此支出的费用，由甲方与乙方各承担50%。
   （4）造成甲方滞留的，乙方应当采取相应的安置措施。因此增加的食宿费用，由甲方承担；增加的返程交通费用，由甲方与乙方各承担50%。

九、特别安全提示

由于甲方未成年，保障安全是乙方接待管理的第一要务。活动期间学生的人身、财产安全需要各方的共同努力。

活动期间如发生意外事件，乙方应在第一时间协助处理。甲方患有旅行前已处于潜伏期、在旅行期间发病的生理疾病或者无法预知的精神疾病的，相关费用由甲方承担；乙方负责协助就医，及时通知甲方，不承担预见、诊断方面的义务。

十、违约责任

1. 因乙方的原因致使甲方不能参加本期研学旅行活动的，乙方应提前3日（不含本日）通知甲方，并将甲方预交的全部款项退还，已支付的接待费用由乙方自行承担；乙方未按照协议约定标准提供研学服务的，应当依法承担采取补救措施或者赔偿损失等违约责任。
2. 甲方取消研学活动，应提前7日通知乙方，并承担乙方为研学旅行接待服务已经支付的手续费、无法退回的押金等实际损失，研学行程如包含需乙方提前预约付费的大型主题乐园项目，乙方有权不予退还相应门票费用；甲方在开营日以后（含当日）取消本期研学旅行活动的，乙方不予退还甲方任何费用。

若火车票或机票已购买的，甲方应按乙方要求自行办理退票手续或配合乙方办理退票手续，因退票产生的损失由甲方承担。

十一、争议的处理

协议履行过程中发生争议，由双方当事人协商解决。协商不成，各方均可向甲方所在地人民法院提起诉讼。

十二、协议效力

1. 本协议需经甲、乙双方签字并盖章后生效。
2. 本协议一式两份，甲乙双方各执壹份，具有同等法律效力。
3. 本协议附有：研学旅行报价清单、_____。

重要提示：学生参加研学旅行活动存在一定的安全风险，请甲方确认甲方身体健康，适合参加研学旅行的各项活动，并在旅行开始前将甲方的既往病史、药物过敏史或身体、精神方面的不适提前告知乙方。甲方应严格遵守研学旅行的活动纪律，随时注意安全，并按照研学旅行的统一日程安排参加各项活动。

甲方：_____　　　　　　　　　学校乙方：_____

_____年____月____日　　　　　　　　　　_____年____月____日

表单 6-2

合同项目清单

序号	收费项目名称	价格	取价计算方式	备注
1	保险费			以保险公司实际收费为准
2	旅游包车费（×天）			见研学旅行收费表
3	餐费			见研学旅行收费表
4	住宿费（×天）			见研学旅行收费表
5	生活费（×天）			见研学旅行收费表
6	导游费（×天）			见研学旅行收费表
7	安全措施费（×天）			见研学旅行收费表
8	景区门票费			见研学旅行收费表
9	进、出接待中心费		以实际费用为准	见研学旅行收费表
10	旅行社管理费		按2%收取管理费，包括利润、税费	见研学旅行收费表
	合计			

价格说明：表中所列价格仅做参考，交通工具费最终以本省旅游客运公司当月确定的价格为准，基地、景区门票收费以该基地、景区给出的学生团购价为准，酒店、宾馆根据季节给出的团队优惠价为准。

旅行社收取2%的管理费外，所有收费项目均以实价给学生。

表单 6-3

分工表

序号	组别	姓名	手机	岗位	职责	身份证号	去程信息	返程信息

表单 6-4

××研学物料表

序号	类别	品名	数量	负责人	备注
	吃				
	住				
	行				
	活动物料				
	应急物料				

表单 6-5

××旅行社地接费用结算单

地接社			地接导游	
团 号			人 数	
抵达日期			离开日期	
住 宿	天数	酒店名称		费用
	D1			
	D2			
	D3			
	D4			
	D5			
餐 费	正餐			
门 票				
景 交				
缆 车				
车 费				
导 服				
票 款				
杂 费				
增减栏				
备 注				

地陪签字： 计调签字：

表单 6-6

研学旅行回访单

旅行社： 回访日期：
参加研学活动总人数： 参加回访人数：

序号	测评内容	满意票数	不满意票数
1	餐饮质量		
2	住宿环境		
3	交通服务		
4	安全保障		
5	导游服务		
6	行程安排		
满意率： %（各项测评内容满意票数之和÷总测评票数）			
学校意见			

参考文献

［1］吕海龙，刘雪梅．旅行社计调业务［M］．北京：北京理工大学出版社，2017．
［2］熊晓敏．旅行社 OP 计调手册［M］．北京：中国旅游出版社，2007．
［3］王建喜．邮轮旅游服务管理［M］．北京：旅游教育出版社，2017．
［4］魏巴德，邓青．研学旅行实操手册［M］．北京：教育科学出版社，2020．
［5］徐舒．旅行社经营管理［M］．成都：西南财经大学出版社，2011．
［6］张荣娟，叶晓颖．旅行社经营与管理［M］．北京：北京理工大学出版社，2017．
［7］歌诗达 COSTA 豪华邮轮旅游官网：https：//www.costachina.com/．